福州新区年鉴

2024

福 州 新 区 年 鉴 编 辑 部　编

图书在版编目（CIP）数据

福州新区年鉴．2024 / 福州新区年鉴编辑部编．
北京 : 方志出版社，2024.10. -- ISBN 978-7-5144-
6418-4

Ⅰ．Z525.74

中国国家版本馆 CIP 数据核字第 2024Y3W457 号

责任编辑：王娜
责任校对：张玉霞
责任印制：梅中英
出 版 者：方志出版社
地　　址：北京市朝阳区潘家园东里 9 号（国家方志馆 4 层）
邮　　编：100021
网　　址：http://www.zgfzcb.cn
发　　行：方志出版社图书营销中心（010-67110500）
印　　刷：福州报业鸿升印刷有限责任公司
开　　本：787 毫米 ×1092 毫米　1/16
印　　张：20.75
字　　数：308 千字
版　　次：2024 年 10 月第 1 版
印　　次：2024 年 10 月第 1 次印刷
定　　价：398.00 元

东进南下

沿江向海

福州新区年鉴编纂委员会

主　　任　陈云水　兰　文

副 主 任　张　帆　陈　斌　许用贵　叶　谊　程小马

委　　员（排名不分先后）

王新刚　许开夏　刘　宇　李　强

李育民　杨　林　林友华　陈　禺

徐　超　高　岭　聂晓梅　蔡峻林

福州新区年鉴编辑部

主　　编　鲍一高

副 主 编　郑　跃　肖建明　黎发明

特邀审稿　陈　挺　黄　铭

编　　辑　万　粒　林燕妮

编辑说明

一、《福州新区年鉴（2024）》是由中共福建省委福州新区工作委员会、福州新区管理委员会主办，福州新区年鉴编辑部承编的年度资料性文献。

二、《福州新区年鉴（2024）》以马克思列宁主义、毛泽东思想、邓小平理论、“三个代表”重要思想、科学发展观、习近平新时代中国特色社会主义思想为指导，坚持辩证唯物主义和历史唯物主义的立场、观点和方法，系统记述和反映全区自然、政治、经济、文化、社会等方面情况，为社会各界了解和研究福州新区提供权威、翔实的信息，为领导决策提供参考依据。

三、《福州新区年鉴（2024）》记述时限为 2023 年 1 月 1 日至 12 月 31 日，部分图文资料上溯至 2015 年 8 月福州新区成立。本年鉴为福州新区首部年鉴，特收录 2015—2022 年大事记。

四、《福州新区年鉴（2024）》采用分类编辑法，设类目、分目、条目三个层次，以条目为基本记述单元。《福州新区年鉴（2024）》设“图看新区”“专记”“大事记”“新区概览”“‘数’说新区”“对外开放”“产业发展”“改革创新”“经济管理”“综合交通”“城

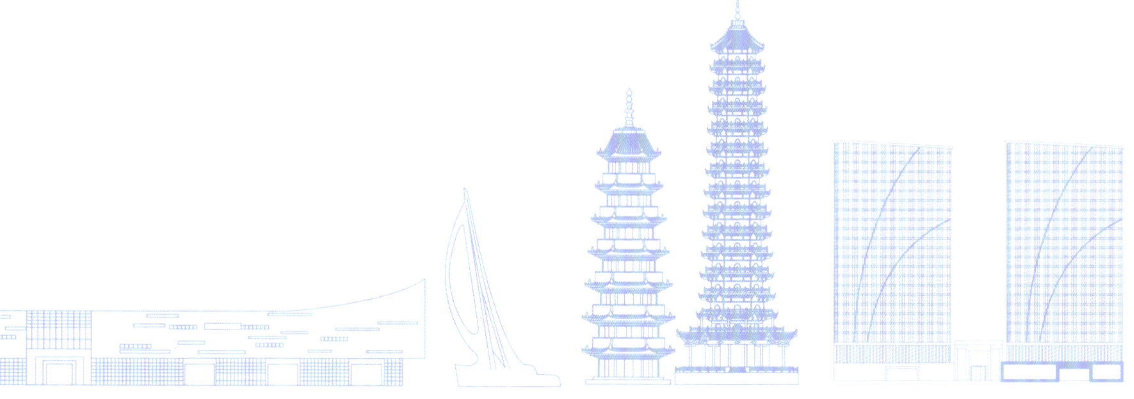

市建设与管理”“生态保护”“公共事务”“党政事务”“中国（福建）自由贸易试验区福州片区”“功能区园区建设”“九大片区”等类目，后有“附录”“索引”。辅助资料收录新闻报道、数据、榜单等扩展信息，随文互见，为读者品读福州新区提供说明。

五、《福州新区年鉴（2024）》采用规范现代汉语记述。数字用法、标点符号用法分别采用国家标准《出版物上数字用法》（GB/T 15835—2011）、《标点符号用法》（GB/T 15834—2011），计量单位采用国家技术监督局1993年12月发布的《量和单位》系列国家标准。专记、附录等内容考虑到社会使用习惯，保留计量单位“亩”等。

六、《福州新区年鉴（2024）》主体文字和统计资料数据由自贸区福州片区管委会、长乐区政府、各功能区管委会、福州新区纪检监察工委、福州新区各内设部门、福州新区集团和九大片区指挥部供稿，并经领导审阅。年鉴引用的文件、新闻报道均按原件刊载。

七、为方便检索，在《福州新区年鉴（2024）》卷末附有主题索引和表格索引。

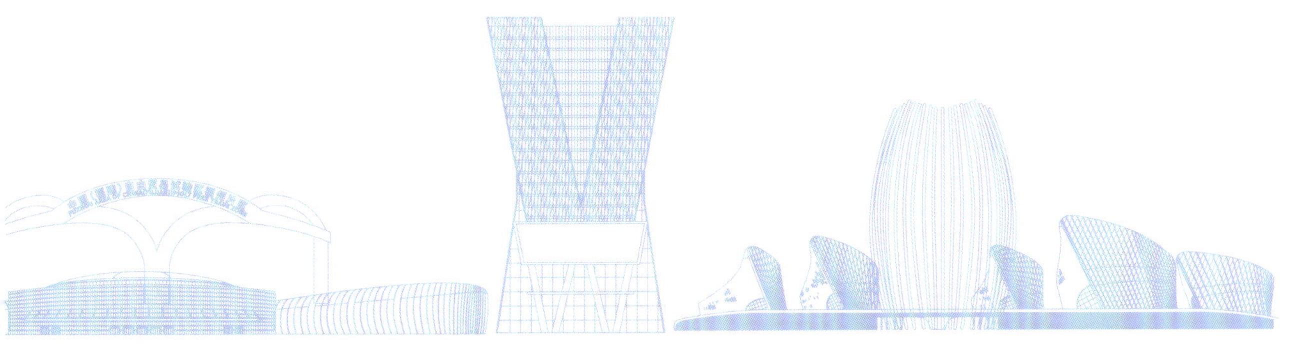

目 录

图看新区

飞“阅”新区 3
滨海岸线 10
产业发展 22
民生事业 34

专 记

福州新区八周年记 45
福州新区滨海新城砂质海岸生态减灾案例 54

大事记

2015 年 65
2016 年 66
2017 年 67
2018 年 68
2019 年 69
2020 年 70
2021 年 71
2022 年 73
2023 年 76

新区概览

新区沿革 83
发展历程 83
历史源流 83
区划 人口 84
区划 84
人口 84
自然地理 85
位置面积 85
地形地貌 85
水系 85
气候 86
自然资源 88
管理体制 92
统筹管理阶段 92
组团开发阶段 93
融合发展阶段 93
战略定位 94

概况 94
两岸交流合作重要承载区 94
扩大对外开放重要门户 94
东南沿海重要的现代产业基地 94
改革创新示范区 95
生态文明先行区 95
经济社会发展 95
经济建设 95
政治建设 96
文化建设 96
社会建设 96
生态文明建设 97

"数"说新区

对外开放

门户枢纽 107
航空 107
港口航运 107
海铁空铁联运 107
经贸往来 108
外资外贸 108
产业合作平台 108
经贸展会活动 108
人文交流 109
"海丝"文化影响力提升 109
科教合作深化 109
闽港合作 109
概况 109
数字经济领域合作 110
金融合作 111
贸易合作 112
航空物流合作 112
港口物流合作 112
生物医药领域合作 112
文旅合作 113
教育合作 113

产业发展

综 述 117
数字经济产业 118
概况 118
福建省大数据集团有限公司 118
福建省数字福建云计算运营有限公司 119
网龙网络控股有限公司 119
电子信息产业 120
概况 120
恒美光电股份有限公司 120
福建阿石创新材料股份有限公司 121
新能源产业 122
概况 122
华能国际电力股份有限公司福州电厂 122
福建省福能海峡发电有限公司 122

福州海峡发电有限公司 123
医药健康产业 124
概况 124
福建贝瑞基因数字生命产业园 124
装备制造产业 125
概况 125
福建博那德科技园开发有限公司 125
福建雪人股份有限公司 125
纺织化纤产业 126
概况 126
福建省恒申合纤科技有限公司 126
福建金源纺织有限公司 126
福建永荣锦江股份有限公司 127
针织面料产业 127
概况 127
福建永丰针纺有限公司 127
福建东龙针纺有限公司 128
钢铁冶金产业 128
概况 128
大东海集团 129
福建吴航不锈钢制品有限公司 129
粮油食品产业 129
概况 129
福建元成豆业有限公司 130
福建御冠食品有限公司 130
商贸文旅产业 130
概况 130
下沙海滨度假村 131
闽江河口国家湿地公园 131
神州数码（福州）科技有限公司 131

改革创新

综 述 135
科技创新 136
概况 136
延伸阅读：福州新区数字经济产业和生物医药产业快速崛起 136
平台载体 138
产业创新平台 139
纺织类工业互联网平台 140
公共服务平台 141
重要科创资源清单 143
企业科技创新 147
数智融合 147
概况 147
福州新区智慧城市管理平台（新区智脑 1.0） 148
“区块链+”公证平台 148
智慧水利系统（一期）项目 148
招商机制创新 149
概况 149
片区招商 149
基金招商 150
产业链招商 150
融资创新 151
专项债发行 151
存量资产盘活 151

闽港金融合作 152
绿色建造 152
概况 152
立体绿化 152
建筑资源回收利用 153

经济管理

综 述 157
概况 157
政策制定 157
重大项目管理 157
财政金融 158
资金规范管理 158
项目前期跟踪服务 158
国有资产管理 158
行政审批 159
福州新区政务服务中心装修工程竣工 159
“一件事打包办”窗口 159

综合交通

综 述 163
公 路 164
概况 164
国道 316 线长乐漳港至营前段 164
国道 228 线鹏程至仙岐段（仙鹏路） 165
国道 228 线长乐松下至福清元洪公路工程 165
福州机场第二高速 166
滨海高速一期工程 167
铁 路 167
概况 167
城际铁路 F2、F3 线 168
城市轨道交通 168
概况 168
福州至长乐机场城际铁路工程（F1 滨海快线） 168
地铁 6 号线 169
地铁 6 号线东调段 169
港 口 170
概况 170
松下港区 170
江阴港区 170
闽江口内港区 170

城市建设与管理

城市规划 175
概况 175
《福州滨海新城森林城市建设总体规划》编制 178
《福州滨海新城健康韧性城市专项规划》编制 178
市政建设 179
供水 179

供电 179
供气 179
排污 180
市政道路建设 180
智能网联新型基础设施建设 180
内河水系 180
征迁安置 182
城市管理 183
市容管理 183
建设项目渣土调配 183
市政环卫管养 183

生态保护

海岸带保护与修复 187
概况 187
福州市滨海新城海洋生态保护修复一期工程 188
福州市滨海新城海洋生态保护修复二期工程 188
防护林建设 188
湿地保护 190
概况 190
湿地生态环境保护与修复 191
湿地生态监测与科研 192
湿地生态宣教 192
闽江河口湿地入选国际重要湿地名录 192
闽江河口湿地入选山水工程首批15个优秀典型案例 192
海峡两岸中华凤头燕鸥保育交流活动 193
东湖湿地启动区生态修复工程 193
外文武海堤堤后湿地生境修复工程 193
东湖滨海生境生态修复工程 194
园林绿化 194
概况 194
“多廊多园”生态格局 195
苗木收储 195
资源保护 196
概况 196
大气污染防治 196
水污染防治 196
近海海域环境治理 197
海漂垃圾清理 197
土壤污染防治 198
矿产资源管理 198
耕作层剥离再利用 199
生态损害赔偿及修复 199

公共事务

教育 203
概况 203
天津大学福州国际校区 203
福州三中滨海校区 204

福州滨海实验学校 204
赛德文学校 204
长乐师范附属小学滨海校区 205
福州群众路小学滨海校区 205
福州市滨海新城实验幼儿园 206
长乐华侨中学滨海校区 206
文化 206
商务印书馆福州分馆 206
海峡青少年活动中心 206
卫生健康 208
概况 208
华山医院福建医院 208
福州市疾病预防控制中心 208
福建中医药大学附属康复医院滨海院区 208

党政事务

重要会议 213
福州新区与福州国企战略合作动员部署会 213
福州新区第五届创新发展大会 213
福州新区领导干部大会（2023. 2. 27） 213
福州新区产业园企业座谈会 213
福州新区领导干部大会（2023. 6. 6） 214
福州新区民营企业家代表座谈会 214
组织工作 214
党员和党组织 214
基层党组织建设 214
主题教育 215
干部队伍建设 215
宣传工作 215
精神文明建设 215
网络宣传 216
纪检监察 216
机构设立及改革 216
监督执纪 217
廉政教育 217
队伍建设 217

中国（福建）自由贸易试验区福州片区

综 述 221
体制创新 223
概况 223
投资便利化改革 223
贸易便利化改革 223
法治化建设 223
产业发展 224
概况 224
跨境电商 224
整车进口 224
先进制造 224
金融创新 225
两岸融合 225

概况 225
以通促融 225
以惠促融 225
以情促融 226
对外开放 226
概况 226
扩大境外投资 226
进出口贸易 226
制度型开放 227

功能区园区建设

元洪投资区 231
概况 231
基础配套设施 231
项目建设 231
招商引资 232
产业发展 232
营商环境 233
“两国双园”项目 233
国际航空城 234
概况 234
基础配套设施 234
项目建设 234
招商引资 235
产业发展 235
企业服务 235
福州长乐国际机场综合保税区设立 236
长乐国际机场二期项目建设 236
福州临空经济示范区建设 237
琅岐经济区 237
概况 237
重点项目建设 238
招商引资 238
种业创新基地建设 238
文旅发展 238
福建自贸试验区福州片区经济技术开发区块 239
概况 239
体制创新 239
招商引资 239
福州高新技术产业开发区马尾园 240
概况 240
重点项目建设 240
招商工作 240
营商环境优化 240
福建自贸试验区福州片区出口加工区 241
概况 241
招商引资与项目建设 242
企业服务 242
园区管理 242
福州经济技术开发区马江园区 243
概况 243
招商引资 243
园区低效用地盘活 243
安全生产管理 243
福州综合保税区 244

概况 244
主导产业 244
招商引资 245
项目建设 245
跨境电商发展 245
体制机制创新 245
仓山功能区 246
概况 246
招商引资 246
企业服务 246
重点项目建设 247
一区多园建设 247
三江口片区建设 247
自贸区南台岛区块建设 247
福州国际医疗综合实验区建设 249
福州江阴港城经济区 249
概况 249
项目建设 250
基础设施建设 251
土地利用 251
招商引资 251
投融资服务 253
开放合作 253
人才建设 253

九大片区

数字经济产业片区 257
概况 257
基础配套设施 257
重点项目建设 257
招商引资 258
中国东南大数据产业园研发楼六期、七期项目竣工 258
福州新区智能网联汽车道路测试启动 258
福建人工智能计算中心纳入全国人工智能算力战略体系 259
福州地铁智慧产业园完工 260
临空经济产业片区 260
概况 260
临港（松下）经济产业片区 261
概况 261
基础设施建设 261
产业项目建设 262
社会民生项目建设 263
国际医疗健康产业片区 264
概况 264
基础配套设施 264
项目建设 264
招商引资 265
滨江滨海文旅产业片区 265
概况 265
规划编制 266
项目建设 266
招商引资 267
文旅活动 267
中央活力区功能片区 270

概况 270
基础设施建设 270
招商引资 271
项目建设 271
教育功能片区 271
概况 271
基础设施建设 272
招商引资 272
项目建设 272
长乐城市更新功能片区 272
概况 272
基础配套设施 273
项目建设 273
项目谋划 273
金梅潭综合配套功能片区 274
概况 274
片区规划 274
产业规划 275
项目建设 275
招商引资 275

附录

机构及负责人名录 279
先进表彰名录 283
文献选编 285
国务院关于同意设立福州新区的批复 285
国家发展改革委关于印发福州新区总体方案的通知（摘要） 286
国务院关于同意设立中国（福建）自由贸易试验区的批复 294
国务院办公厅关于支持国家级新区深化改革创新加快推动高质量发展的指导意见 295

索引

主题索引 305
表格索引 312

图看新区

图看新区

飞“阅”新区

▲ 福州新区核心区滨海新城（2023 年）（陈捷阳 摄）

编制单位：福建省地图出版社　审图号：榕图审〔2024〕19号

▲ 福州长乐国际机场（2023 年）（福州新区党群工作部 供图）

▲ 2023 年，江阴港区开通内外贸航线 62 条。图为港区泊位 （陈文凡 摄）

▲ 2022 年 6 月 29 日，金砖国家可持续发展高层论坛在福州数字中国会展中心举行 （林双伟 摄）

▲ 2023 年 11 月 22 日，2023“一带一路国际商协会大会”在福州数字中国会展中心举行

（福州新区党群工作部 供图）

▲ 2022 年 1 月 30 日，道庆洲大桥通车 （陈暖 摄）

▲ 福州地铁 6 号线营前站（2023 年） （陈暖 摄）

▲ 福州新区东湖数字小镇（2023 年）（陈捷阳 摄）

滨海岸线

▲ 2021 年，在生态环境部首次开展的美丽海湾优秀案例征集活动中，福州新区滨海新城岸段被选为 8 个案例之一。图为福州新区滨海新城岸段 （福州新区党群工作部 供图）

▲ 下沙海滨度假村（2023 年） （陈增玉 摄）

▲ 2023 年 5 月，福州海滨旅游区下沙海滨度假村正式对外开放 （福州新区党群工作部 供图）

▶ 2023 年 8 月 19 日，2023 首届闽台马术邀请赛在福州新区开赛。来自闽台的 14 支队伍、50 多名选手参赛。图为参赛选手比赛中

（林双伟 摄）

◀ 2023 年“五一”国际劳动节期间，福州新区夏沙沙滩音乐节在下沙海滨度假村举行（福州新区党群工作部 供图）

▲ 十七孔王母礁（2023 年） （福州新区党群工作部 供图）

▲ 2020 年 12 月 26 日，国内首座、世界最长跨海峡公铁大桥——平潭海峡公铁大桥通车运营 （陈云 摄）

▲ 2023 年 2 月，闽江河口湿地入选国际重要湿地名录 （林双伟 摄）

▲ 2022 年 9 月，闽江河口湿地进入世界自然遗产预备名录。图为大凤头燕鸥群 （陈林 摄）

▲ 闽江河口湿地公园一角（2023 年） （福州新区党群工作部 供图）

▲ 福州新区滨海新城岸段（2023年）（陈捷阳 摄）

产业发展

▲ 2022 年 7 月 21 日，福建省大数据交易中心揭牌并落址福州新区滨海新城东湖数字小镇 FFC 大楼。图为航拍的东湖数字小镇 （陈捷阳 摄）

▲ 2022 年，中国移动（福建福州）数据中心入选国家新型数据中心典型案例名单。图为中国移动（福建福州）数据中心大楼 （陈捷阳 摄）

▲ 中国电信福建东南信息园（2023 年） （福州新区党群工作部 供图）

▲ 2023 年 7 月，福建人工智能计算中心被纳入全国人工智能算力战略体系。图为福建人工智能计算中心大楼（陈捷阳 摄）

◀ 2019 年 1 月，金风科技工厂首台 6.7 兆瓦风电机组在江阴港城经济区下线，这是当时亚太地区已投运最大海上风电机组 （余少林 摄）

◀ 国内首个全产业链海上风电产业园——福建三峡海上风电国际产业园（2023 年）　（王立涵 摄）

▼ 全球最大的 MDI（聚氨酯材料）生产商——万华化学集团股份有限公司（2023 年）　（陈文凡 摄）

▲ 2017 年 5 月 25 日，江阴港首个液体化工码头正式通航启用 （林双伟 摄）

▲ 福清核电机组（2023 年）　（过东海 摄）

▶ 2023 年 8 月 7 日，中国—印度尼西亚经贸创新发展示范园区获批后，元洪码头迎来中国—印度尼西亚“两国双园”首批进口货物　（石美祥 摄）

▶ 2023 年 9 月 19 日，福州新区智能网联汽车道路测试正式启动 （数字经济产业片区指挥部 供图）

▼ 2023 年 1 月 19 日，国务院批复同意设立中国—印度尼西亚经贸创新发展示范园区，园区位于福州新区元洪功能区。图为航拍的元洪功能区 （林双伟 摄）

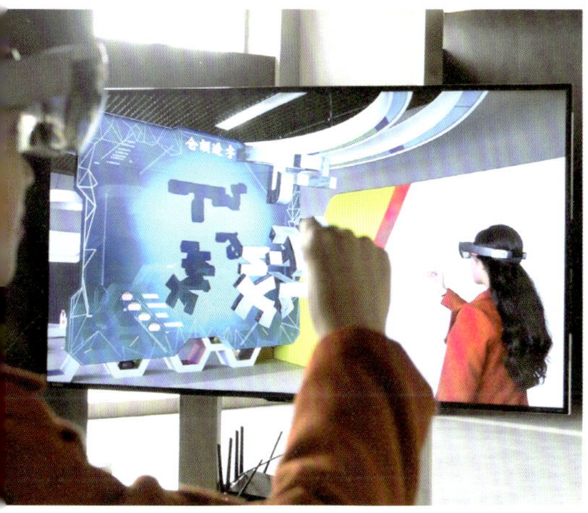

▲ 2017 年 3 月，由网龙网络公司开发设计的“仓颉造字”环节出现在江苏卫视《最强大脑》节目　（福州新区党群工作部　供图）

▲ 2019—2022 年，大东海实业集团连续 4 年入选全球 50 大钢企排行榜。图为企业生产线　（池远　摄）

▲ 福建省恒申合纤科技有限公司（2023 年） （福州新区党群工作部 供图）

▲ 恒美偏光片智造工厂生产基地（2023 年）（福州新区党群工作部 供图）

▲ 永荣锦江股份有限公司（2023 年） （池远 摄）

民生事业

▲ 位于福州新区三江口片区的海峡文化艺术中心，集多功能戏剧厅、歌剧院、音乐厅、艺术博物馆、影视中心于一体，造型像一朵5瓣茉莉花。图为夜间海峡文化艺术中心俯瞰(2023年) (杨婀娜 摄)

▲ 福州新区滨海新城智慧体育公园（2023年） （陈捷阳 摄）

▲ 2019 年 8 月 31 日，天津大学福州国际校区一期工程动工暨滨海新城五所学校集中开学活动在福州新区滨海新城举行 （叶义斌 摄）

▲ 2021 年 5 月 1 日，国家区域医疗中心、复旦大学附属华山医院福建医院、福建医科大学附属第一医院（滨海院区）在福州新区开诊 （陈捷阳 摄）

▲ 2023 年 7 月 8 日，福州市疾病预防控制中心新址正式启用 （陈捷阳 摄）

▲ 2019 年 8 月，福州滨海实验学校建成投入使用

（福州新区党群工作部 供图）

▲ 2022 年 6 月 6 日，福建中医药大学附属康复医院滨海院区正式开诊。图为医生为患者做康复训练

（福州新区党群工作部 供图）

▲ 2021 年 7 月 5 日，福州市第二工人文化宫在滨海新城落成启用（陈捷阳 摄）

◀ 2021 年 5 月 1 日，国家区域医疗中心、复旦大学附属华山医院福建医院、福建医科大学附属第一医院在福州新区滨海新城开诊。图为中国工程院院士、复旦大学附属华山医院神经外科主任周良辅（右一）为患者义诊 （池远 摄）

▲ 2019 年 6 月，福州三中滨海校区建成投入使用 （陈暖 摄）

▲ 2023 年 2 月，福州海峡青少年活动中心对外开放 （陈铭清 摄）

▲ 赛德文学校（2023 年）（福州新区党群工作部 供图）

▲ 2022 年 12 月 5 日，天津大学福州国际校区一期项目竣工验收，天津大学福州国际联合学院正式启用　（陈捷阳 摄）

专记

专　记

福州新区八周年记

福州新区于 2015 年 8 月 30 日经国务院正式批复同意设立，是全国第十四个、福建省唯一的国家级新区。

▲ 福州新区滨海新城　（福州新区党群工作部 供图）

成立八年来，福州新区坚持“3820”战略工程思想精髓，坚定“东进南下、沿江向海”城市发展方向，紧紧围绕“三区一门户一基地”战略定位，以占全市6.6%的土地和20%的人口，实现了全市24%的地区生产总值，为福州市加快建设现代化国际城市、福建省全方位推进高质量发展超越发挥重要引领带动作用。

聚焦“东南沿海重要现代产业基地”建设 打造高质量发展新引擎

产业，经济崛起的心跳脉搏；项目，城市发展的底座支撑。八年来，福州新区坚持抓龙头、铸链条、建集群。围绕五大产业片区、六大主导产业开发建设，形成“产业主导、全面发展”的“1+N”招商体系，点燃高质量发展新引擎。

壮大数字产业。数字中国建设峰会永久会址落户福州新区；中国东南大数据产业园内入驻近1000家企业，落地移动、健康医疗、云计算等六大数据中心，已建及规划建设机架超6.5万个，位居全省第一；福建省超算中心算力达6000万亿次/秒，运算速度全省最快；福建人工智能计算中心建成一期105P算力，成为全省唯一获批建设的国家新一代人工智能公共算力开放创新平台（筹），被纳入全国人工智能算力战略体系；2022年7月挂牌的福建大数据交易所已签约数商200多家、服务数商500多家，带动产业链上下游产值超百亿元。

培育新材料产业。建设金纶高纤、恒申合纤、永荣控股、长源纺织等产值超百亿元的龙头企业，汇聚1000家纺织企业，总体规模超2000亿元，产能占比全球第一；推动大东海绿色高端精品钢铁产业园建设，重点生产热轧卷板、汽车板材、棒材、高速线材等产品；以万华化学、中景石化、坤彩科技为龙头，形成三条国内领先的化工新材料产业链，总产值可达3000亿元以上。

发展新型显示产业。引入全球领先的偏光片生产企业恒美光电，带动福米科技贴合、金锐显模组等5个关联产业落地，动建总投资220亿元福米恒美产业园，投产全球最大宽幅2.6米的8K超高清偏光片生产线，全面打通从材料到整机的全产业链，构建以新型显示及第三代半导体基

▲ 中国东南大数据产业园研发楼二期 （黄志勇 摄）

础材料为核心的应用型终端产业生态集群，助推福州入选2022年新型显示增速最快五大城市。

推进粮食产业升级。拥有36.2万吨、全福建省最大的地方储备粮库，集聚中储粮、省储粮、市储粮、中粮贸易、中汇米业、中隆米业、长德蛋白科技以及元成、康宏、集佳等众多粮油企业、食品企业，着力打造千亿元级粮油、肉类加工产业基地。元洪国际食品产业园打造“一条鱼、一块肉、一粒果、一袋米、一桶油”大宗食材供应链，累计入驻食品产业链项目 47 个，总投资 405.63 亿元。

聚焦“扩大对外开放门户”建设
激发新区开放新动能

目前，福州新区正着力构建多层次对外开放新格局，激发创新应用的内在活力，引领能级提升，跑出对外开放“加速度”。

坚持“走出去、引进来”相结合，依托中印尼“两国双园”广阔平台，2023 年，福州新区开展 2 次经贸对接会，签约 19 个项目，总投资 421 亿元，并与印尼三林集团达成互引 100 个项目的“双百项目”合作意向；积极探索创新“管委会 + 公司 + 智库 + 产业联盟”的开发模式，成立元洪（两国双园）控股集团；7 月 27 日，两国元首共同见证签署了中印尼“两国

▲ 中国—印度尼西亚经贸创新发展示范园区 （林双伟 摄）

双园”建设的双边合作文件。

闽港合作，双向奔赴。依托福州新区闽港合作咨询委员会，福建与香港正携手奔跑在不断发展的道路上。聚焦“福建所需、香港所长”，组织开展双方线下、线上交流30多场次，广泛邀请闽港双方各领域专家人士400多人次共同参加研讨；同步形成建设香港数据容灾和存储中心、建设数字经济一体化新型基础设施、促进闽籍企业赴港发债和上市等合作事项清单近40项，已签约3项。

多联通道，拥抱世界。福州长乐国际机场二期扩建工程建设高效推进，依托临空经济示范区、机场综合保税区，引入薛航福州综保区、纵腾跨境电商赋能中心等项目，临空经济集聚区和国际航运中心火热建设中；闽江河口内、江阴、松下三大港区现有生产性泊位89个（万吨级以上泊位39个），其中江阴港区外贸集装箱航线已达60余条（含丝路

▲ 2023年，建设中的福州长乐国际机场二期扩建工程 （池伟 摄）

▲ 福州新区两岸融合社区 （福州新区党群工作部 供图）

海运航线 13 条），中欧、中老班列接连开行，门户枢纽功能进一步提升。

聚焦“两岸交流合作重要承载区”建设 打造两岸融合发展“桥头堡”

围绕“两岸交流合作重要承载区”定位，福州新区以深化两岸融合作为新型城镇化的重要特色，全力打造台胞台企登陆第一家园先行区。

以通促融、以惠促融、以情促融。在全国首创海峡股权交易中心台资板，累计挂牌台企 167 家，融资 23.14 亿元，打开两岸金融“新通道”；成立大陆首个台胞权益保障中心，两岸融合社区在新区核心区建成落地，出台引进台湾人才政策 42 项，推动 198 家台企、1524 名台胞入驻台湾青年创业基地，与铭传大学等 20 所台湾高校建立常态化交流合作机制；打造海峡创意产业园、海峡两岸青年创业孵化中心，常态化举办海峡青年节、海峡两岸经贸交易会、海峡两岸电视艺术节、船政文化研讨会等对台交流活动；深化闽台乡建乡创合作，助力乡村振兴，打造新型城镇化“新样板”。

聚焦“改革创新示范区”建设
描绘宜居幸福之城

福州新区整合自贸区福州片区及长乐区资源力量，全力推动高质量发展。探索实施的土地耕作层剥离再利用、多元化住房体系、“规建管”（规划、建设、管理）一体化平台建设、片区综合开发等一系列创新举措，走在全省前列，让创新活力加速释放。

2016 年 5 月，福州新区被国务院确立为大众创业万众创新示范基地，目前已推动认定高新技术企业 915 家、“小巨人”企业 222 家；引导福州新区开发投资集团有限公司等国有企业深度融入新区发展规划，突破审批流程常规工作框架，创新全过程、高效率的“园区代建”模式，恒美光电偏光片项目从土地合同签订至办理桩基施工许可证，较常规办理节省时间近 80%，产业园项目建设工期由两年半缩短至一年半，创下福州新区“加速度”；简化优化用地手续，推行全程代办、并联审查、全流程跟踪服务，大幅提高报批效率，全力推动福州长乐国际机场二期建设提速增效；合理把握商品房开发节奏，形成多主体供给、多渠道保障、多层次覆盖的人才房、租赁房、安置房、商品房等租购并举住房保障体系，基本实现居民住房保障应保尽保。

聚焦“生态文明先行区”建设
书写美丽海湾绿色答卷

福州新区以习近平生态文明思想为指导，按照国家赋予战略定位之一“生态文明先行区”的要求，在生态保护修复、资源节约利用、碳汇造林等方面开拓创新、奋发有为，探索出一条独具特色的沿海生态新城建设之路。

2023 年 2 月，闽江河口湿地入选世界遗产预备项目和国际重要湿地名录，作为国家自然保护区最佳实践案例向全球推介；持续推进 15 平方公里的东湖湿地，以及 25 公里的沙滩等保护修复工程，滨海新城岸段入选全国美丽海湾；编制完成滨海新城森林城市建设总体规划，截至2023年，沿海防护林建设完成投资24.71亿元，长度23公里，面积428.3公顷，累计种植乔木81.51万株；有序推进河流生态廊道建设，完成改造提升沿河景观及绿化带面积886.35亩、11.47公里，形成漳江河、万沙河、湖东河等独具特色的滨水公共空间；以绿色建筑赋能低碳发展，装配式建筑建设规模超746万平方米，试点垂直绿化和屋面光伏发电。

站在新起点，福州新区将始终牢记习近平总书记殷殷嘱托，续写奋斗华章，继承和发扬“3820”战略工程蕴含的高质量发展理念内涵，牢

牢把握“三区一门户一基地”（两岸交流合作重要承载区、改革创新示范区、生态文明先行区，扩大对外开放重要门户，东南沿海重要现代产业基地）的功能定位和使命任务，聚焦重点领域和关键环节改革，持续赋能科技创新、加快培育新兴产业，兜住兜牢民生保障底线，大力实施城市更新行动，不断提升生态宜居水平，以更大的气魄、更严的标准、更高的效率全面推进新区新城建设，把习近平总书记当年擘画的“东进南下、沿江向海”发展蓝图变成美好现实。

（福州新区党群工作部）

▲ 沿海防护林绿意盎然（长乐区林业局供图）

福州新区滨海新城砂质海岸生态减灾案例
——节选自《海岸带生态减灾协同增效国际案例集》（2023）

一、基本情况

福州新区滨海新城位于福建省东部沿海，地处台湾海峡西岸，北含福州国际航空港，南接松下港，自然资源独特，总规划面积 188 平方千米，规划人口 130 万人，拥有 55 千米的滨海岸线，35 千米长的延绵沙滩、21 平方千米的闽江河口湿地国家级自然保护区、15 平方千米的东湖湿地、207 平方千米的漳港海蚌增殖保护区等独特自然资源，是中华凤头燕鸥、黑脸琵鹭等珍稀鸟类物种的越冬地、栖息地。

目前，滨海新城正按照习近平总书记提出的“东进南下、沿江向海”发展战略，秉承“创新高地、开放门户、宜业家园、生态绿城”的发展定位稳步推进。2021 年，福州新区实现地区生产总值 2712 亿元，同比增长 9.8%；固定资产投资 1778 亿元，同比增长 15.1%；人居环境显著改善，惠及滨海新城 30 多万人。

但与此同时，滨海新城海岸开敞，直面太平洋，区域内风、涝、旱等自然灾害最为严重，是我国海洋灾害高风险区域，福州新区滨海新城风暴潮灾害危险性等级为Ⅰ级，2018 年共受到 9 个热带气旋影响，其中，第 8 号台风“玛利亚”造成全市直接经济损失约 1.6 亿元；同时，也是受风沙灾害影响较重的区域，1992 年福州长乐国际机场修建时出土的著名遗址——显应宫，就是受风沙灾害而埋于地下。海岸带防灾减灾功能的退化导致在台风和强降雨影响下，滨海新城海岸带及周边群众生产生活常年受海洋灾害影响，农林牧渔和工业交通运输等行业遭受严重经济损失，防灾减灾需求强烈。

为进一步提升区域生态服务功能和海洋灾害风险抵御防治能力，2020 年 8 月，福州市开展了滨海新城海岸带保护工程，实施海滩整治与养护、滨海防护林种植与建设、海堤堤后湿地生境恢复等 3 项工程，其中，长乐沿线北部防护林修复与建设林带面积 215 公顷，长乐机场北部海滩修复与养护面积 15.3 公顷，外文武海堤堤后湿地外来入侵植物清理面积 129.3 公顷、东湖湿地 - 森林鸟类栖息地修复面积 61 公顷、撂荒沙地修复建设面积 84.6 公顷，由海向陆构建了由动态平衡海滩、综合防护林带、水系连通湿地组成的，自然缓冲带与亲水空间区交错融合的海岸带生态减灾空间体系。

二、主要问题

滨海新城海岸线主要以自然岸线为主，其中沙质岸线占比超过 80%。近年来人类活动和自然过程的双重胁迫导致防护林受损、沙滩侵蚀、湿地生态退化等问题，具体表现为：一是受人类活动及闽江挟沙量降低影响，导致沙源减少，现有存量沙向陆地侧流失，部分岸段沙丘、后滨沙地等地貌单元消失，岸线呈后退趋势。近 10 年，沙质岸线侵蚀总长度

▲ 修复后海岸带防护林现状图。图中，修复后形成了平均宽 500 米的防护林生态屏障 （福州新区生态环境与城市建设管理局 供图，2023 年）

约 23.2 千米，平均后退约 39 米。二是滨海新城北部海岸防护林树种木麻黄多种植于 20 世纪七八十年代，树木进入老龄期，且防护林树种单一，林带层次结构简单，林分质量不高，导致生态稳定性和防风固沙功能大幅下降。三是东湖湿地区域开发利用活动粗放，养殖池大量分布，环境污染严重。互花米草等外来物种入侵面积已达 129.3 公顷，严重侵占本土物种生境，湿地生态功能退化。

三、特色举措

（一）构建海滩—后滨植被—防护林多层综合防护体系

尊重自然规律，向陆一侧补种先锋树种木麻黄，巩固现有防护林带，在此基础上丰富植物种类，优化群落结构配置，开展多种适生植物混交种植，分层次建设以木麻黄纯林、木麻黄 + 南洋杉混交林为主的防护林减灾体系，提升生物群落的自我调节能力和生物多样性。向海一侧采用近自然的人工养滩修复模式，通过海滩补沙、后滨植被种植等工程措施稳定沙滩结构，促进风沙在防护林向海侧堆积，从源头上为沙滩稳定提供了保障，践行“后滨植被固沙、防护林留沙”的建设理念，避免当地“沙埋显应宫”的历史重现，构建了以自然岸线为主的“海滩—后滨植被—防护林”的生态海堤，提升滨海防风御浪减灾能力，形成生态系统稳定、生物多样性丰富的海洋减灾安全格局。

（二）节约资源，构建自适应动态平衡海滩

在大量基底调查和科学研究论证的基础上，综合考虑底质生态适宜性、沙滩稳定性和修复经济性，结合闽江通海航道存在碍航淤积浅滩、需要定期疏浚的实际，采用以闽江口航道疏浚砂（0.2 毫米～ 1 毫米）为主的补沙来源，变废为宝，体现集约利用理念。共修复与养护海滩 15.3 公顷，补沙 48.6 万立方米，其中航道疏浚砂 21 万立方米。修复后沙滩达到海滩自然演变下的动态平衡，将人为干预影响最小化。

（三）勇于探索，开展适生植物优化配置

通过海滩后滨沙地植被适生物种引种，筛选抗风、耐盐、耐旱和耐贫瘠的沙生地被植物，重点开展海马齿、马鞍藤在长乐海滩后滨沙地地被层植被修复中的研究与应用示范，防风固沙的同时，美化滨海沙地景观环境。在充分掌握福建柽柳标本分布和生长特征基础上，在福建省首

次创新开展砂质海岸带柽柳引种示范探索研究，建立了一个柽柳引种示范基地，开展不同柽柳品种种植研究，目前研究选取的柽柳品种存活率在 90% 左右，总体长势较好，以期作为后滨先锋种，与木麻黄一同探索构建形成乔灌的双层级滨海防护屏障。

（四）因地制宜，开展湿地生态自然恢复

外文武海堤堤后湿地通过养殖清退，退养还湿 61 公顷，形成了东湖湿地－森林鸟类栖息地，通过植被种植恢复撂荒沙地 84.6 公顷，通过清

◀ 撂荒沙生植被柽柳引种前后对比图。图中选取的柽柳品种存活率在 90% 左右，后续推广应用可与木麻黄一同探索构建形成乔灌的双层级滨海防护屏障
（福州新区生态环境与城市建设管理局 供图，2023 年）

▲ 案例整体效果图（赵马峰 摄，2022 年）

理外来物种互花米草和凤眼莲等恢复滨海湿地 129.3 公顷，打通原本各自独立的鱼塘，让水系连起来、活起来，让水质清起来、净起来，实现生态栖息地在无开发利用状态下的自然恢复，加强生物多样性保护和建成区后期管护，为东湖湿地生态健康发展、候鸟栖息提供保障。基于现有防护设施实现陆海联通，提升陆海交换能力。

（五）多方协调，切实加强公共参与

建设前，充分征求政府、企业、村民等相关利益者意见，推进建立共建共享的长效机制。政府方面，福州新区在城市规划、建设的全过程，始终坚持“因灾设防、因需而建”的原则，在沿海岸线预留出 300 米～500 米宽的战略用地，保障沿海防护林建设需求；企业和村民方面，共同清退海岸带沿线林地内养殖场 167 公顷、拆除建筑 15.7 公顷。建成后，建设集成果、科普、数据利用以及生态文化宣传于一体的海岸带减灾成果展示平台，通过多种渠道开展宣传教育活动，吸引众多市民及游客前来打卡游玩，提升影响力和公众知晓率，进一步增强社会公众对海洋生态减灾方面的意识。

四、综合成效

（一）形成了滨海新城减灾新局面

通过人工养滩和沿海防护林带建设等措施，建成了长 7.5 千米、

◀ 沙滩整治前后对比图。图中整治前沙滩侵蚀严重，整治后沙滩平缓，干滩宽度超过 30 米的稳定沙滩（福州新区生态环境与城市建设管理局 供图，2021 年）

干滩宽度平均增加 30 米的稳定海滩和长 5.5 千米、宽 500 米的沿海防护林带，大幅度提升砂质海岸生态系统抵御台风、风暴潮等海洋灾害和防风挡沙的能力。经模型测算，海滩整治后，波高衰减率明显增大，岸滩的减灾能力显著提升，其中 1.5 米入射波高衰减率由 63.3% 提升至 94.0%，2.5 米入射波高衰减率由 58.0% 提升至 82.4%， 防护林后方平均风力值由 4.30 米 / 秒降低至 2.93 米 / 秒，保障了福州新区滨江滨海文旅产业快速发展。

（二）呈现滨海新城生态新画面

防护林修复与建设面积 221 公顷，海滩综合整治与修复面积 135.3 公顷，后滨沙生植被带建设 3.2 千米，湿地生境修复面积 274.9 公顷，

▶ 湿地自然恢复前后对比图。图中东湖湿地退养还湿后，清理了外来入侵物种，依靠湿地的自净能力，实施自然恢复
（福州新区生态环境与城市建设管理局 供图，2023 年）

▲ 案例区沙滩游客现状图。福州新区滨海新城海岸带修复后，吸引不少游客在海岸沙滩游玩（福州新区生态环境与城市建设管理局　供图，2023 年）

构建了滨海新城“防护林—后滨植被—海滩”绿色屏障和鸟类栖息天堂。沿海防护林达标率由施工前的 68% 提高至 94%，植被数量由修复前 64 科 114 属 166 种提升至 73 科 127 属 182 种，后滨植被由修复前 16 科 24 属 24 种增加至 21 科 32 属 33 种；东湖湿地修复一年后，植被数量由修复前 74 科 166 属 202 种增加至 80 科 176 属 221 种，记录到的鸟类总数和多样性指数分别增长了 22.8% 和 13.6%，《国家保护的有益的或者有重要经济、科学研究价值的陆生野生动物名录》中的鸟类占比由 81.4% 提升到 85.7%，同时新记录到普通鵟和云雀等 2 种国家Ⅱ级重点保护鸟类。

（三）推动滨海新城发展新形态

案例的实施大幅提升海岸带整体生态环境品质，增加了滨海新城的生态优势和战略价值，修复后国内外到访游客人数增长率超过 10%；根据满意度调查结果统计，公众对福州市滨海新城海岸带保护修复工程的满意度达 99.4%。工程营造多样的亲水空间，改善了滨海人居环境，成为集投资、创业、研学、居住、工作、休闲、旅游于一体的东湖数字小镇的“后花园”，助力 500 余家高新数字企业和科研院所入驻滨海新城，为打造国际一流、彰显福州海滨城市魅力的生态海岸带奠定了基础。

（福州新区自然资源与规划局、福州新区生态环境与城市建设管理局）

大事记

大事记

2015 年

8 月

30 日，国务院批复设立福州新区。福州新区是全国第 14 个、福建唯一的国家级新区。

9 月

13 日，国家发展改革委印发《福州新区总体方案》，明确福州新区战略定位、重点任务及发展目标等。

28 日，福州新区官网上线试运行。

10 月

10 日，由福州市城乡规划局主办的《福州新区 2049：总体发展战略规划》专家研讨会在福州规划馆举行。

11 月

6 日，福建省人民政府印发《关于支持福州新区加快发展的若干意见》。

2016 年

1 月

11 日，中央编办印发《关于福州市人民政府加挂福州新区管理委员会牌子的批复》，同意福州市加挂福州新区管理委员会牌子。

2 月

20 日，福州市十四届人大五次会议审议通过《福州市人民代表大会关于加快福州新区开放开发的决定（草案）》。

25 日，中共福州市委办公厅、福州市人民政府办公厅正式印发《关于加快福州新区发展的实施意见》。

3 月

7 日，全国政协十二届四次会议举行小组会议，讨论《中华人民共和国国民经济和社会发展第十三个五年规划纲要（草案）》，规划纲要草案提出打造“福州新区等对台合作平台”。福州新区成为唯一写入国家“十三五”规划纲要草案的国家级新区。

5 月

6 日，福建省人民政府官方网站正式发布《福建省人民政府关于印发下放福州新区省级经济管理权限目录的通知》，下放福州新区省级经济管理权限 121 项，涉及省发改委、省国土厅、省环保厅、省林业厅、省海洋厅等 20 多个省级部门。

7 月

18 日，中共福建省委机构编制委员会向福州市委编委下发《关于福州新区有关机构编制事项的通知》，正式设立福州新区党工委，作为福建省委的派出机构。

8月

1日，中共福建省委福州新区工作委员会、福州新区管理委员会正式成立。

10月

17日，中共福建省委常委会审议通过《福州新区发展规划》。

11月

23日，福建省人民政府批复同意《福州新区发展规划》。

2017年

2月

13日，福州滨海新城建设启动暨大数据项目签约仪式在海峡国际会展中心举行。

3月

3日，福州滨海新城建设总指挥部揭牌，标志滨海新城建设正式进入实施阶段。

4月

28日，全国第一个物联网开放实验室——中国·福州物联网开放实验室，在福州马尾正式揭牌。

5月

18日，福建三峡海上风电国际产业园举行入园签约仪式，金风科技、GE海上风电、LM风能公司、江苏中车电机、西安风电等首批企业签约入驻。

6月

1日，中共福建省委编办正式批复福州新区各功能区管理体制，同意设立福清、长乐、仓山3个功能区管委会和江阴港城经济区管委会。

10月

26日，由福建省海洋与渔业厅、福州新区管委会、省国有资产管理有限公司、海峡股权交易中心共同合作建设的福建海洋产权交易服务平台正式启动。

2018年

5月

4日，滨海新城建设总指挥部出台《长乐区耕作层剥离再利用工作方案》，在长乐全区启动项目占用耕地耕作层剥离再利用试点工作。

9月

18日，由中科院下属的国家遥感应用工程技术研究中心与福建特力惠信息科技股份有限公司合办的互联网+空间智能联合实验室在东南大数据产业园揭牌。该实验室是首个落户中国东南大数据产业园的国家国土资源大数据应用中心试点建设的技术孵化基地。

25日，中国移动（福建福州）数据中心一期工程在中国东南大数据产业园奠基动工。

12月

1日，天津大学、新加坡国立大学、福州市政府、福建省教育厅在福州签订合作办学协议，天津大学福州国际校区落户福州滨海新城。

2019 年

1 月

21 日，福建三峡海上风电国际产业园金风科技工厂首台 6.7 兆瓦风电机组在福清江阴下线，是亚太地区已投运的最大海上风电机组。机组下线标志福建三峡海上风电产业园由招商建设向建设运营转变，园区海上风电关键零部件产业链初步形成。

29 日，福州三江口大桥主线通车，马尾和仓山的车行距离缩短至 5 分钟。

4 月

15 日，福州数字中国会展中心交付使用。

5 月

7 日，福建新华发行集团与商务印书馆在福州签订合作协议：双方共同打造福州市首个数字阅读体验中心——商务印书馆数字阅读体验中心，落户滨海新城福州海峡青少年活动中心。

8 月

18 日，福州市政府与平潭综合实验区正式签订《福州新区与平潭综合实验区一体化发展战略合作协议》。

31 日，天津大学福州国际校区一期工程动工暨滨海新城五所学校（天津大学—新加坡国立大学福州联合学院、福州软件职业技术学院、福州三中滨海校区、福州滨海实验学校、融侨赛德伯学校）集中开学活动在滨海新城举行。

9 月

25 日，福州—平潭海峡公铁大桥鼓屿门航道桥合龙，标志着世界最长、国内首座跨海峡公铁两用大桥贯通。

25日，10兆瓦海上风电机组在福建三峡海上风电国际产业园区下线，是国内自主研发的、单机容量亚太地区最大的海上风电机组，标志着国内企业已掌握海上风电大容量机组研发制造的关键核心技术。

29日，中共福州市委滨海新城工作委员会、福州滨海新城开发建设指挥部正式挂牌成立。

11月

11日，大陆首个与菜鸟公司合作的对台海运快件仓——马尾对台海运快件集运仓“双十一”收到的订单量达到30万件，比上年增长6倍。

25日，大陆首个台湾社工服务中心在马尾区社会组织孵化基地揭牌。

12月

27日，滨海快线（闽东北协同发展区城际铁路F1线）正式开工。

2020年

3月

24日，全球第一大 MDI（聚氨酯材料）供应商、国内唯一拥有MDI制造技术自主知识产权企业万华化学集团投资建设的万华化学福建MDI产业园项目在江阴港城经济区正式动建。

6月

15日，福州市第一座公轨两用大桥道庆洲大桥跨江主桥成功合龙。

26日，按照福州市委市政府统一部署安排，福州新区管委会整建制搬迁至滨海新城。

8月

1日，福州港“丝路海运”快捷航线在福州新区江阴港区举行首航仪式。

4日，福建省首批出口共建“一带一路”国家的风电机组在江阴港城经济区启运。两台“福建制造”的3.4兆瓦风力发电机将通过海运送往土耳其，实现福建高端装备制造产业“走出去”。

26日凌晨，福（州）平（潭）铁路引入福州南站的最后一组道岔铺设完成，国家重点项目福平铁路正式融入全国高铁网。

11月

25日，福州新区产业发展基金正式成立，这是福州市首支专门为新区招商引资服务的产业基金。

27日，福州临空经济示范区获国家发展改革委、中国民航局批准设立。

27日，中国自主三代核电技术“华龙一号”全球首堆示范工程——中核集团福清核电5号机组成功并网发电。

28日，福州东湖万豪酒店（五星级）正式开业。

12月

9日，福建省发改委印发实施《福州临空经济示范区总体方案》。

2021年

2月

7日，福建师范大学与长乐区政府合作办学签约仪式举行，双方将合作创办福建师范大学附属滨海小学。

3月

31日，滨海新城首座沿海景观大桥三营澳大桥通车。

4月

8日，福州市金投智能轨道交通设备有限公司开工典礼暨签约仪式在滨海新城举行，标志轨道交通龙头企业正式落户滨海新城，实现“福州地铁福州造”。

23日，第七届海峡读者节开幕式暨商务印书馆福州分馆开馆仪式在福州滨海新城举行。

26日，国家邮政局快递大数据东南研究院揭牌仪式在滨海新城东南大数据产业园举行。

5月

1日，国家区域医疗中心复旦大学附属华山医院福建医院、福建医科大学附属第一医院（滨海院区）在滨海新城开诊。

28日，福建三峡海上风电国际产业园举办“碳中和”工业园区颁证仪式。北京绿色交易所向产业园颁发“碳中和”证书，标志该产业园率先实现碳中和，成为全国首个实现“碳中和”的工业园区。

6月

6日，文武砂街道设立揭牌仪式举行。

25日，艾尔姆风能福建工厂生产的全球最长风电叶片在福建三峡海上风电国际产业园正式投产，标志着该产业园已形成全产业链生产格局，实现海上风电高端先进核心装备全部福建造。

7月

5日，福州市第二工人文化宫在滨海新城落成启用。

6日，“滨海新城创新打造规建管一体化平台”在福州市全面深化改革优秀案例评选中获评“十佳案例”。

13日，中国和印度尼西亚“两国双园”合作框架下由印尼运往福清的首批货物抵达江阴港，标志印尼·雅加达—中国·福清江阴“两国双园”海上大通道正式开通。

8月

20日，国家能源集团福建公司与万华化学集团战略合作签约仪式举行，万华福建产业园项目落户福州江阴港城经济区。

26 日，福建省大数据有限公司在滨海新城注册，正式落户中国东南大数据产业园。

9 月

29 日，福建省最大市级疾控中心项目——福州市疾病预防控制中心项目在滨海新城举行主体结构封顶仪式。

10 月

26 日，中共福建省委机构编制委员会下发《关于印发福州新区管理体制调整方案的通知》，进一步明确福州新区行政管理体制。

11 月

25 日，国家区域医疗中心复旦大学附属华山医院福建医院复合手术中心揭牌，是国际顶尖的数字一体化复合手术中心。

12 月

30 日，国家区域医疗中心，复旦大学附属华山医院福建医院、福建医科大学附属第一医院（滨海院区）肿瘤精准免疫治疗中心正式开诊。

2022 年

1 月

26 日，福州新区首个温泉主题度假村东湖海洋温泉度假村落成。

30 日，福建省首座公轨两用桥道庆洲大桥正式通车。

2 月

12 日，福州国际机场二期扩建工程项目用地获国务院批复。

13日，福州滨海新城第二家五星级酒店福州新投格兰云天国际酒店开业。

5月

19日，福州新区和平潭综合实验区签订推进一体化高质量发展战略合作协议。

6月

6日，投资1.5亿元、历时1年半建设的福建中医药大学附属康复医院滨海院区正式开诊。

10日，长乐区远航水厂、东区水厂原水切换为一闸三线长乐线来水，福州新区滨海新城实现通水。

14日，元翔福州空港与成都航空签订战略合作协议，正式建立战略合作关系。

14日，中国和印度尼西亚“两国双园”重点项目——保罗（元洪）国际大健康食品产业园项目签约仪式在福州新区福清功能区管委会举行。项目计划总投资约100亿元，总用地面积约66.67公顷。

29日，金砖国家可持续发展高层论坛在福州数字中国会展中心开幕。

7月

5日，福州新区急救中心（急诊医学中心）在华山医院福建医院揭牌成立。

17日，2022国际显示技术大会在福州数字中国会展中心举行，福州市半导体显示产业技术创新战略联盟在会上成立。

21日，福建省数据要素与数字生态大会在福州数字中国会展中心举行，福建大数据交易所在会上正式揭牌。

22日，福州新区管委会与华为技术有限公司签署《共建福州新区“数字新区”战略合作协议》。

27日，“一闸三线”工程莒口—闽侯、长乐通水活动在长乐东区水厂举行。

8 月

10 日，第三届中国短视频大会在福州新区数字中国会展中心开幕。

28 日，福州地铁 6 号线正式开通，串联福州中心城区、三江口片区和福州新区滨海新城。

31 日，福州机场第二高速公路动建，以强化城区北部和福州新区滨海新城之间的交通联系，形成一南一北“双动脉”。

31 日，福建省首列“闽都号”中老铁路国际货运班列从福州江阴站驶出，开往老挝万象，是继 7 月福州首列“闽都号”中欧班列开行后，延伸畅通中国东南沿海与南亚、东南亚之间的又一条陆路贸易通道。

9 月

14 日，国内首家以中国和印度尼西亚产业合作为主题的研究机构“福建技术师范学院中印尼产业合作研究中心”在福州揭牌，仪式在雅加达分会场同步举行。

20 日，天津大学—新加坡国立大学福州联合学院 2022 年开学仪式举行。

21 日，数字中国服务联盟理事会暨全聚合公司成立仪式在福州数字中国会展中心举行。

27 日，恒美偏光片智造工厂正式投产，是福州新区临空新型显示标准化（国际）园区首个开工建设、首个完工投产的项目。

11 月

14 日，福州新区闽港合作咨询委员会备忘录签署仪式举行，全国政协副主席、香港再出发大联盟总召集人梁振英通过视频致辞。

12 月

5 日，天津大学福州国际校区一期项目竣工验收，天津大学福州国际联合学院正式启用，筹建团队全体行政管理队伍、在榕科研人员及PI（学术带头人）助手20多人进驻校区办公。

8日，生态环境部公布2022年生物多样性优秀案例名单“福建闽江河口湿地生物多样性保护”案例入选。

29日，长乐滨海旅游度假区被确定为省级旅游度假区。

2023年

1月

11日，国务院批复同意设立中国—印度尼西亚经贸创新发展示范园区。

19日，福州市智能汽车产业发展规划发布会暨福州新区数字车城建设启动仪式在福州新区举行。

2月

2日，闽江河口湿地入选国际重要湿地名录。

21日，海关总署正式发布进境粮食指定监管场地名单，福州港江阴港区获得进境粮食指定监管场地水运散货资质。

3月

14日，福州新区与长乐区政府、上海电器科学研究所（集团）公司、福州新区集团共同签订《共建上海机器人产业技术研究院福州创新中心暨福州新区医疗器械产业园的合作协议》。

19—21日，全国政协副主席梁振英赴闽考察，并出席福州新区闽港合作咨询委员会秘书处揭牌仪式暨福州新区闽港合作座谈交流会。

4月

26日，由福建省人民政府指导、华为技术有限公司主办的数字技术应用创新生态大会在福州数字中国会展中心召开。由福州市政府主导、市电子信息集团运营、华为辅助运营的福建人工智能计算中心在生态大会上揭牌上线。

26日，健康医疗数商总部基地在福州新区揭牌，入驻中国东南大数据产业园。

27日，福建省数据要素与产业生态大会·闽港数字经济合作论坛在福州新区举行，全国政协副主席梁振英出席。福州新区闽港IDC产业联盟同日揭牌成立。

5月

1日，福州海滨旅游区下沙海滨度假村正式对外开放。当日下沙片区人流超过8万人次，“五一”国际劳动节假期接待游客约23.1万人次。

22日，福州招银租赁有限公司在福州自贸片区注册成立，实现福州市金融租赁公司“零的突破”。

7月

4日，科技部发布首批国家新一代人工智能公共算力开放创新平台建设的批复通知，福建人工智能计算中心作为福建省唯一一家获批建设的国家新一代人工智能公共算力开放创新平台（筹），纳入全国人工智能算力战略体系。

8日，福州市疾病预防控制中心新址正式启用，建有省内地区级最大的应急指挥作业中心。

9日，国务院批复同意整合福州保税区设立福州长乐国际机场综合保税区，是福建省第六个获批的综合保税区，也是福建省首个空港综合保税区。

22日，2023中国人工智能大会在福州新区数字中国会展中心开幕。工业和信息化部人才交流中心、福建省大数据集团和海云捷迅公司联合在福州新区建设“工业和信息化重点领域（人工智能）人才培养基地”。

26日，福州新区管委会与海峡两岸医药卫生交流协会、中国器官移植发展基金会、华龄康旅有限公司在北京签订合作协议，联合打造海峡两岸医疗健康产业园。

8 月

7 日，中国—印度尼西亚经贸创新发展示范园区获批以来，福州港松下港区元洪作业区元洪码头迎来中国—印度尼西亚“两国双园”首批进口货物，印度尼西亚至元洪功能区的海上外贸业务大通道正式开通。

9 月

19 日，福州新区滨海新城芯云产业园启动智能网联汽车道路测试，标志福州新区成为全国首批智能汽车无人化、商业化政策落地的先行区，福建省首个规模化智能网联道路建成区和自动驾驶场景落地示范区。

20 日，“闽都号”中欧班列中亚线路正式开通，福州及周边地区新增一条通往中亚国家的货物运输国际新通道。

25 日，2023 年全球滨海论坛会议召开，自然资源部和世界自然保护联盟联合发布《海岸带生态减灾协同增效国际案例集》，福州新区滨海新城砂质海岸生态减灾案例位列其中。

10 月

18 日，2023 福州新区招商（深圳）推介会举行。现场签约 11 个项目，签约金额 58 亿元。

23 日，全国政协副主席梁振英率港区全国政协委员考察团到福州新区就“深化闽港合作”进行专题调研。

11 月

10 日，全球最大 18 兆瓦直驱海上风电机组在江阴港城经济区下线。

20 日，福州新区闽港合作咨询委员会成立一周年庆祝活动暨 2023 年福州新区招商（香港）推介会在香港召开。

22 日，2023“一带一路国际商协会大会”在福州数字中国会展中心举行。

25 日，在福州闽江河口湿地举行的 2023 年海峡两岸中华凤头燕鸥保育交流暨海峡两岸生态保护融合发展专题培训活动上，两岸研究机构共同发布最新研究成果。

12 月

1 日，全国首个国家级海上风电研究与试验检测基地在江阴港城经济区开工建设。

27 日，全国首个新建配售型保障性住房项目福州双龙新居项目开工建设，该项目也是全国首单获得国开行专项贷款支持的标志性项目。

29 日，国道 316 线项目通车仪式在董奉山隧道举行。

新区概览

新区概览

新区沿革

【发展历程】 1992年，时任中共福州市委书记习近平主持编制《福州市20年经济社会发展战略设想》（简称“3820”战略工程），谋划建设闽江口金三角经济圈战略布局。2013年8月20日，中共福州市委十届六次全体（扩大）会议召开，审议通过《关于全力推进福州新区开放开发 在更高起点上加快建设闽江口金三角经济圈的意见》。2013年10月，福州市开始编制福州新区发展规划研究及配套专题规划，着手起草《福州新区总体方案》。2013年11月26日，中共福州市委、福州市人民政府决定成立福州新区工作领导小组。2014年12月5日，福建省人民政府向国务院上报申请设立福州新区。2015年8月30日，国务院印发《关于同意设立福州新区的批复》，正式批复设立福州新区。

2016年7月，中共福建省委机构编制委员会下发《关于福州新区有关机构编制事项的通知》，批复同意设立中共福建省委福州新区工作委员会。2016年8月1日，福州新区管理委员会正式成立。2021年10月26日，中共福建省委机构编制委员会下发福州新区管理体制调整方案，进一步明确福州新区行政管理体制。2022年1月1日，中共福州新区党工委、管委会作为省委、省政府派出机构，重新挂牌、实体运作。

【历史源流】 1842年，福州被迫辟为“五口通商”口岸，福州建成区第一次从“三山”跨越到闽江，烟台山和上下杭的发展使福州城区空间形态成为“哑铃”状。改革开放后，1985 年 1 月福州经济技术开发区的设立使福州建成区跨越到闽江口。2015 年 8 月，国务院批复成立福州新区。2017 年 2 月，福州滨海新城启动建设，福州建成区跨越至东海之滨。

（福州新区党政办公室）

区划 人口

【区划】 2015 年 8 月，国务院批复设立福州新区。福州新区位于福州市滨江滨海地区，初期规划面积 800 平方千米，涉及仓山、马尾、长乐、福清 4 个区（市）26 个乡镇。

2021 年 10 月，中共福建省委、福建省人民政府和中共福州市委、福州市人民政府调整福州新区管理体制，设立直管区、参照直管区、共建区。其中，直管区、参照直管区为福州新区核心区。

直管区 包括福州新区规划范围内的长乐区区域（269 平方千米，含长乐区在琅岐的飞地 1.67 平方千米）、福清市元洪投资区（22 平方千米），共 291 平方千米。

参照直管区 包括福州新区规划范围外的长乐区区域，共 389 平方千米。

共建区 包括福州新区规划范围内的马尾区（84 平方千米）、仓山区（14 平方千米）和福清市部分区域（411 平方千米），共 509 平方千米。

【人口】 2023 年，福州新区 800 平方千米规划区内有常住人口 174.7 万人。

（福州新区经济发展局）

自然地理

【位置面积】 福州新区位于福建省福州市滨江滨海地带，地处长三角和粤港澳大湾区之间，与台湾岛隔海相望，规划范围包括马尾区、仓山区、长乐区、福清市26个乡镇（街道），涵盖福州经济技术开发区、福清融侨经济技术开发区、福州台商投资区等7个国家级开发区和长乐经济开发区、福清江阴经济开发区、福清龙田经济开发区3个省级开发区，规划面积800平方千米。

2021年10月，中共福建省委、中共福州市委对福州新区的空间架构进行重新调整，划分为直管区、参照直管区和共建区三大部分。直管区包括长乐区269平方千米和福清元洪投资区22平方千米，面积291平方千米，由福州新区负责全域经济发展和城市建设管理；参照直管区包括长乐区西部区域，面积389平方千米；共建区为福州新区规划范围内的马尾区（84平方千米）、仓山区（14平方千米）和福清市部分区域（411平方千米），共509平方千米，由属地党委、政府负责开发、管理及相关社会事务管理，福州新区负责统筹协调相关工作。

（福州新区党政办公室）

【地形地貌】 2023年，福州新区境内地貌属福建省东部沿海花岗岩低山丘陵及冲积海积平原区，西北部与北部临江，东部与南部濒海，西面靠山。地势西北部与西南部较高，中部地势平坦。位于航城的大埔尾山海拔646.30米，为全区最高峰，低山丘陵略呈“工”字形分布于中部与南部境域。董奉山、龙腰山横贯境内中部，将长乐全区分隔为东西两大平原，东为海相沉积的滨海平原，西为闽江冲积平原。

【水系】 2023年，福州新区溪流（除流经区境北部的闽江外）源短流促，下游汇入海滨冲积平原与临江河谷冲积平原的河网里，平原港道纵横、河网密布。闽江自营前黄石河段流经区境北部至梅花注入东海，过境河段全长 35 千米，流域面积 6.10 万平方千米，上游竹岐水文站处集水面积 5.45 万平方千米。三溪发源于境内的大山姆与环山盆地，汇于溪山，注入南洋水网，在水网以上河长 12.40 千米，流域面积 40 平方千米（其中福清市境内流域面积 6.8 平方千米），河道比上年下降 3%；潘寺岭三溪水库总库容 1146 万立方米。大溪发源于境内西南大炎山，于老鼠洋注入营前港水网，在水网以上河长 11.7 千米，流域面积 24 平方千米，河道比上年下降 3.4%。腊溪发源于南部青炎山，于华元注入南洋水网，在水网以上河长 16.6 千米，流域面积 26.5 平方千米，河道比上年下降 2.2%。石门溪发源于南部麒麟山，经石门注入南洋水网，在水网以上河长 11.5 千米，流域面积 18 平方千米，河道比上年下降 2.9%。二刘溪发源于北部大埔尾山脉，由潭头港注入闽江口，河道长度 17 千米，流域面积 23 平方千米。首祉溪发源于福清市境内的大帽山，经西皋首祉由麻砂注入东海，河道长度 13.8 千米，流域面积 20 平方千米。以上溪流除二刘溪、首祉溪外均流入平原港道河网，港道纵横交错，形成洞江水网、南洋水网、北洋水网，港道河网总库容 4300 万立方米（高程 4.5 米以下库容量），流域面积 485 平方千米。港道河网泄洪时经营前水闸、洋屿港水闸、文武砂十八孔水闸、外文武十七孔水闸、克凤五门闸、港嘴、潭头等闸门注入东海与闽江。

【气候】 2023 年，福州新区气候属偏差年景。年平均气温偏高，降水异常偏多，日照正常，主要气象灾害是台风，受台风灾害影响频繁，其中台风“海葵”对长乐影响严重。全年无霜期日数 335 天，大风日数 13 天，霾 11 天。春播期未出现“倒春寒”，也未出现“五月寒”。

气温 2023 年，平均气温 21.1℃，较历年平均气温偏高 0.7℃，属偏高。其中，1 月、2 月、4 月、5 月、8 月、10 月、11 月、12 月属正常，3 月、6 月、7 月、9 月属偏高。年极端最高气温 38.3℃，出现在 8 月 4 日；年极端最低气温 2.8℃，出现在 1 月 30 日。受副热带高压控制，6—9 月 ≥ 35℃的高温日 27 天。

2023 年各月福州新区平均气温、异常度及评价表

表 1

项目	1 月	2 月	3 月	4 月	5 月	6 月	7 月	8 月	9 月	10 月	11 月	12 月	全年
平均气温（℃）	11.8	12.3	15.4	19.3	23.5	27.8	30.1	28.9	27.8	23.0	19.1	14.1	21.1
异常度	0.4	0.4	1.1	0.5	0.5	1.4	1.1	0.1	1.4	0.5	0.5	0.4	1.2
评价	正常	正常	偏高	正常	正常	偏高	偏高	正常	偏高	正常	正常	正常	偏高

雨量 2023 年，降水量 1973.2 毫米，较历年平均降水量偏多 466.4 毫米，属异常偏多。其中，1 月、3 月、6 月、8 月属正常，11 月属显著偏少，2 月、5 月、10 月、12 月属偏少，7 月、9 月属异常偏多，4 月属偏多。全年≥ 0.1 毫米降水日数 144 天，其中小雨 105 天、中雨 21 天、大雨 11 天、暴雨 4 天、大暴雨 2 天、特大暴雨 1 天。年最长连续降水日数 11 天，降水量 80.2 毫米，起止日期为 6 月 14—24 日。年最长连续无降水日数 22 天，起止日期分别为 2022 年 12 月 18 日至 2023 年 1 月 8 日、2023 年 2 月 15 日至 3 月 8 日。

2023 年各月福州新区降水量、距平百分率及评价表

表 2

项目	1 月	2 月	3 月	4 月	5 月	6 月	7 月	8 月	9 月	10 月	11 月	12 月	全年
降水量(毫米)	52.1	54.3	111.3	167.9	89.4	195.7	297.7	256.0	664.9	41.9	11.5	30.5	1973.2
距平百分率	-10	-30	-4	28	-47	-17	82	14	290	-32	-79	-31	31
评价	正常	偏少	正常	偏多	偏少	正常	异常偏多	正常	异常偏多	偏少	显著偏少	偏少	异常偏多

日照时数 2023 年，日照时数 1707.2 小时，较历年平均偏多 70.1 小时，属正常。其中，1 月、2 月、4 月、5 月、6 月、7 月、8 月、9 月、10 月、12 月属正常，11 月属显著偏多，3 月属异常偏多。

2023 年各月福州新区日照时数、异常度及评价表

表 3

项目	1 月	2 月	3 月	4 月	5 月	6 月	7 月	8 月	9 月	10 月	11 月	12 月	全年
日照（小时）	91.5	89.6	161.9	116.7	133.9	154.4	225.3	179.8	177.2	111.4	154.0	111.5	1707.2
异常度	0.1	0.2	2.2	-0.1	0.1	0.2	-0.4	-0.9	0.3	-1.0	1.7	0.4	0.5
评价	正常	正常	异常偏多	正常	正常	正常	正常	正常	正常	正常	显著偏多	正常	正常

灾害性天气 强冷空气。2023年1月24—31日，福州新区受强冷空气影响持续低温，全区过程极端最低气温为-0.6℃，出现在罗联乡（1月30日早晨），长乐大监站最低气温2.8℃（1月30日早晨），长乐大监站出现霜。此次过程未造成明显灾情。

干旱。2023年6月22日至7月15日，连旱22天，达到小旱标准。7月16—17日，累计降水量90.8毫米，旱情解除。此次过程未造成明显旱情。

台风。2023年7月26—30日，受台风“杜苏芮”影响，全区普降暴雨，局部大暴雨，有12个乡镇过程累计雨量（7月26日0时至7月30日8时）超过100毫米，其中5个乡镇超过200毫米，最大为江田镇239.7毫米，长乐大监站182.7毫米，过程极大风出现在航城街道（石屏山），为33.6米/秒，长乐大监站极大风20.6米/秒。9月3—8日，受台风“海葵”影响，全区普降特大暴雨，除梅花镇以外过程累计雨量（9月3日8时至7日8时）均超过300毫米，其中11个乡镇超过500毫米，最大为湖南镇710.4毫米，有13个乡镇24小时降水极值超过各乡镇有气象记录以来的历史极值，其中长乐大监站24小时降水极值434.8毫米，超过1951年建站以来的历史极值，对全区影响严重。

【自然资源】 **土地资源** 2023年，根据长乐区2022年度国土变更调查成果，全区总面积74573.54公顷，主要用地类型有湿地、耕地、园地、林地、草地、城镇村及工矿用地、交通运输用地、水工建筑用地、水域、其他土地等十大类。湿地总面积7059.07公顷，占全区总面积的9.47%，其中红树林地20.63公顷，占湿地总面积的0.29%；沿海滩涂6470.85公顷，占湿地总面积的91.67%；内陆滩涂567.59公顷，占湿地总面积的8.04%。耕地总面积11012.08公顷，占全区总面积的14.77%，其中水田7703.54公顷，占耕地总面积的69.96%；水浇地425.36公顷，占耕地总面积的3.86%；旱地总面积2883.18公顷，占耕地总面积的26.18%。

园地总面积2148.93公顷，占全区总面积的2.88%，其中果园1970.92公顷，占园地总面积的91.72%；茶园41.47公顷，占园地总面积的1.93%；其他园地136.54公顷，占园地总面积的6.35%。林地总面积26209.91公顷，占全区总面积的35.15%，其中乔木林地20790.61公顷，占林地总面积的79.32%；竹林地2.71公顷，占林地总面积的0.01%；灌木林地2890.09公顷，占林地总面积的11.03%；其他林地2526.50公顷，占林地总面积的9.64%。草地总面积936.54公顷，均为其他草地，占全区总面积的1.26%。城镇村及工矿用地总面积为15322.41公顷，占全区总面积的20.55%，其中城市546.64公顷，建制镇3193.32公顷，村庄10417.85公顷，采矿用地380.05公顷，风景名胜及特殊用地784.55公顷，分别占城镇村及工矿用地总面积的3.57%、20.84%、67.99%、2.48%、5.12%。交通运输用地总面积为3603.28公顷，占全区总面积的4.83%，其中铁路用地170.82公顷，轨道交通用地77.32公顷，公路用地2559.63公顷，机场用地561.82公顷，港口码头用地233.69公顷，分别占交通运输用地总面积的4.74%、2.15%、71.04%、15.59%、6.49%。水域总面积5651.56公顷，占全区总面积的7.58%，其中河流水面2587.90公顷、水库水面721.79公顷、坑塘水面2220.44公顷、沟渠121.43公顷，分别占水域总面积的45.79%、12.77%、39.29%、2.15%。水工建筑用地173.82公顷，占全区总面积的0.23%。其他土地总面积2455.94公顷，占全区总面积的3.29%，其中农村道路667.39公顷、设施农用地481.42公顷、田坎452.45公顷、沙地20.20公顷、裸岩石砾地834.48公顷，分别占其他土地总面积的27.17%、19.60%、18.42%、0.82%、33.98%。

矿产资源 长乐—南沃北北东向大断裂带斜贯中部，控制全区地质环境与地貌的发育。岩石分布以断裂带为界，东系燕山期花岗岩，西为中生代火山岩。沿海岸为多级海蚀与海积相阶地，海漫滩由闽江携带泥沙沉积，在梅花附近发育有相当典型的新月形沙丘。已探明矿产有金属、非金属两大类，共26种。金属矿产主要有铁、锰、钨、钼，分布在鹤上、营前、古槐等地，其中铁矿可供开采，钼矿成矿条件较好。非金属矿产主要有花岗石、石英砂、砖瓦用黏土、高岭土、叶蜡石、矿泉水等。至2023年底，全区持有采矿证4家，其中建筑用凝灰岩2家、矿泉水2家，主要开采建筑用凝灰岩、矿泉水矿种，年开采建筑用凝灰岩 160 万立方米、矿泉水 1.86 万吨。从业人数 40 人，年产值逾 185 万元，实现年利税 20 万元。

水资源 福州新区地表水年平均径流深 500 ～ 750 毫米，多年平均年径流深 647 毫米，年径流系数大部分在 0.6 以下，沿海部分地区小于 0.5，年径流深变差系数在 0.35 ～ 0.40 之间变动。年内汛期径流量占全年 80％左右，全区不同保证率年平均地表水径流量 4.280 亿立方米，丰水年（10％）5.965 亿立方米，中水年（50％）3.936 亿立方米，枯水年（90％）2.422 亿立方米。径流分布由西南向东北递减，沿海地区与海岛比较缺水。境内营前港与洋屿港水闸引蓄闽江淡水于莲柄港水网，年均引水量 0.881 亿立方米，三溪水库上游由福清市境流入福州新区径流量 0.068 亿立方米，客来水资源利用总计 0.949 亿立方米。地下水资源属沿海花岗岩低山丘陵水文地质亚区，分为沿海丘陵平原及基岩裂隙水、台地平原风化裂隙水及孔隙水、沿海山甲角基岩裂隙水及砂地孔隙水，大部分为咸水或微咸水，西部地区有少量淡水区域，年淡水资源量约 650 万立方米。地下水径流模数在 2 升 /（秒 • 平方千米）左右，仅漳港附近滨海砂层地下水富水性属中等，径流模数在 7 升 /（秒 • 平方千米）左右。地下水主要为降水补给，多年平均地下水资源量 0.623 亿立方米。福州新区人均水占有量 667 立方米，亩均水占有量 1631 立方米，均低于全省与福州地区水平。全区水力资源理论蕴存量 3792 千瓦，其中可建小型水电站 21 处 1542 千瓦，可建营前港、洋屿港、文武砂等 5 处潮汐电站 1750 千瓦，以及水力、潮汐水轮泵等有待开发。

森林资源 福州新区森林植被属闽江口鹫峰山南湿暖亚热带雨林小区，森林覆盖率 19.47%，由于历史上原生植被屡遭破坏，亚热带雨林残迹仅存潭头镇二刘村晦翁岩附近一处。全区发现属国家与省级保护的珍稀植物有银杏、刺桫椤、香樟、油杉等，植被分为 6 个类型、19 个群系、25 个群丛。由于地形、气候、土壤、生物、人为条件的相互影响与制约，植被类型的分布形成一定区域性的差异，内地半山区一带，原生植被均为次生植被与人工植被所替代，群落结构比较单纯，种类不多，盖度较大，生长中等，主要乔木树种有马尾松、杉木、湿地松、油杉、相思树、木麻黄、桉树、油茶、樟树、毛竹、桉树、果树等；东南沿海地区现有植被均为人工植被，群落结构简单低矮，盖度小、种类少，生长一般，主要乔木树种有木麻黄、马尾松、黑松、湿地松、相思树、黑荆、桉树、果树等；闽江河口湿地水域宽广，滩涂平坦，浮游植物丰富，硅藻占绝对优势，以河口低盐与广盐性种类为主，高等植物有红树林、沙草、木麻黄、芦苇、铺地黍、马鞍藤、小蓬、山苦荬等。2023 年，林业用地面积 2.69 万公顷，林木蓄积量 135.6 万立方米。林地主要可分为两大片，一片主要分布在罗联、玉田、古槐等西部低山丘陵区，是全区主要的用材林、薪炭林产区；另一片主要分布在梅花、金峰、湖南、漳港、文岭、文武砂、江田等乡镇的东南沿海风沙防护林地区，以有林地与未成林造林地为主。

闽江河口湿地资源 福建闽江河口湿地国家级自然保护区位于闽江河口区域，属典型河口区域。地理坐标：北纬 26° 01′ 7.8″～26° 03′ 39.3″，东经 119° 36′ 27.8″～ 119° 41′ 15.1″。2023 年，总面积 2100.0 公顷。其中，潮间带 2060.7 公顷，占总面积的 98.13%；河口水域 1.9 公顷，占总面积的 0.09%；沙岛面积 37.3 公顷，占总面积的 1.78%。潮间带包括潮间淤泥海滩、潮间沙石海滩、潮间盐水沼泽、红树林沼泽，面积分别为 1299.7 公顷、505.6 公顷、217.0 公顷、15.7 公顷。闽江河口湿地有维管束植物 59 科 147 种，其中包括红树林、滨海盐沼、滨海沙生植被 3 种植被类型 14 个群系；野生脊椎动物 139 科 552 种，其中鸟类 64 科 313 种、鱼类 64 科 221 种；其他水生生物 612 种。国家重点保护野生动物 87 种，其中国家一级保护动物 26 种、国家二级保护动物 61 种。

水产与浮游生物资源 福州新区海洋鱼类约有 700 种，其中经济鱼类上百种，主要有带鱼、大黄鱼、小黄鱼、蓝圆鲹、鲐鱼、马鲛鱼、鲳鱼、鮸鱼、鲈鱼、鲥鱼、鲻鱼、鳗鱼、鳓鱼、鲨鱼、金色小沙丁鱼、竹荚鱼、大甲鲹、石斑鱼、鲷鱼、海马、海鲫鱼、鲆鱼、鲽鱼等；虾蟹类有 100 余种，主要有毛虾、长毛对虾、日本对虾、斑节对虾、中国对虾、龙虾、三疣梭子蟹、红星梭子蟹、锯缘青蟹（蟳）、琵琶虾（虾蛄）、虎头蟹（虎沙）、日本蟹（衔猴）、红螯相手蟹（蟛蜞）等；头足类有曼氏乌贼、中国枪乌贼等，曼氏无针乌贼系长乐区主要捕捞对象之一；另有水母类的海蜇，哺乳类的海豚及具有“古化石”之称的中国鲎。浅海滩涂贝类有西施舌（海蚌）、缢蛏、菲律宾蛤仔（花蛤）、牡蛎、泥蚶、丽文蛤（三角）、文蛤（青蛾）、贻贝、扇贝、竹蛏、香螺、泥东风螺（黄螺）、血蛤、巴菲蛤（油蛤）、凹线蛤、青蛤、中国仙女蛤（红蛤）、鲍鱼、乌鲶、龟足（笔架）等，西施舌系珍贵的海珍品，长乐区是全国主要生产基地之一；藻类有紫菜、海带、石花菜、红篱、海萝、红毛藻等，其中以紫菜为主。主要淡水鱼类有鲤科的青鱼、草鱼、鳙鱼、鲢鱼、团头鲂、长春鳊、翘嘴红鲌、银飘鱼、鳌条、鲤鱼、鲫鱼，丽鱼科的罗非鱼，鳢科的乌鳢，鳕科的江鳕（溪滑），鳗鲡科的鳗鲡，鮠科的黄飘鱼，鲶科的鲶，胡子鲶科的胡子鲶，鳅科的泥鳅，鮨科的鲈鱼，合鳃科的黄鳝，鳀科的凤尾鱼，鲻科的鲻鱼；虾蟹类有日本沼虾、白虾、罗氏沼虾、中华绒螯蟹等；主要贝类有河蚬、中国淡水蛏、北角无齿蚌（河蚌）、三角帆蚌、中国圆田螺、铜锈环棱螺等；其他淡水水产资源有两栖类的棘胸蛙（俗称“蝈冻”）、黑斑蛙、虎纹蛙，爬行类的鳖、乌龟等。浮游植物有 24 属 27 种，以中勒骨条藻为主，其次是聚生角毛藻、圆筛藻、洛氏角毛藻；浮游动物有 8 个大类 13 种，以桡足类为主。

（长乐区委党史方志室）

管理体制

【统筹管理阶段】 2016 年 1 月，中央机构编制委员会办公室批复同意福州市人民政府加挂福州新区管理委员会牌子。7 月，中共福建省委机构编制委员会办公室下发通知，明确设立中共福建省委福州新区工作委员会，作为中共福建省委的派出机构，与中共福州市委实行一个机构、两块牌子。8 月，经中共福州市委、福州市人民政府批准，赋予福州新区管理委员会部分省级经济管理权限和市级经济管理权限，对新区经济和开发建设实行统一领导和管理。该阶段，新区共设立 2 个内设机构（综合协调办公室和规划发展局）统筹新区发展。2017 年 5 月，中共福建省委机构编制委员会办公室批复设立福州新区

4 个功能区（经济区）管理机构（福清功能区、长乐功能区、仓山功能区和江阴港城经济区管委会），形成“管委会 + 功能区（经济区）”的统筹管理运行体系。

【组团开发阶段】 2017 年 2 月起，中共福州市委、福州市人民政府相继设立滨海新城、三江口和闽江口 3 个指挥部，分别负责福州新区 3 个组团开发建设。2019 年 5 月，中共福州市委、福州市人民政府以滨海新城开发建设指挥部为试点，按照“大部制、扁平化”原则，设置 7 个部门（综合协调办、经营运作办、规划建设部、产业发展部、综合保障部、天津大学福州国际校区项目部、党务工作部），探索实行企业化管理，建立员额管理、全员聘任、绩效薪酬、选拔激励等制度，强化一线力量。2020 年 4 月，中共福州市委、福州市人民政府推动福州新区管理委员会与福州滨海新城开发建设指挥部全面融合、一体运作，实行“两块牌子、一套人员”，内设机构调整优化为 9 个部门（综合协调办、规划发展局、长乐功能区管委会、党群工作部、自然资源与规划事务部、住房与建设事务部、城市管理与园林事务部、经营运作部、文教卫事务部），全面承接福州新区管理委员会、福州新区长乐功能区管理委员会和福州滨海新城开发建设指挥部的工作职能，充实福州新区建设力量。

【融合发展阶段】 2021 年 10 月，中共福建省委机构编制委员会办公室下发《福州新区管理体制调整方案》，明确中共福建省委福州新区工作委员会、福州新区管理委员会作为中共福建省委、福建省人民政府的派出机构，机构规格正厅级，实行合署办公、一套机构，委托中共福州市委、福州市人民政府管理。设立福建省福州新区纪检监察工作委员会、10 个内设机构和 2 个下属事业单位（党政办公室、党群工作部、改革创新部、经济发展局、财政金融局、产业促进局、自然资源与规划局、生态环境与城市建设管理局、行政审批局、对外开放和两岸融合局，产业发展服务中心、智慧城市管理运营服务中心）。整合福州新区和自贸试验区福州片区管理机构及人员编制，设立直管区（291 平方千米）和共建区（509 平方千米），并将长乐区 389 平方千米区域参照直管区管理，推动福州新区、自贸区、长乐区“三区”融合发展。直管区内的元洪功能区管委会、福州（长乐）国际航空城管委会以福州新区管理为主；共建区内的仓山功能区管委会、江阴港城经济区管委会以属地管理为主。2022 年 1 月，福州新区新一轮管理体制调整基本完成。

（福州新区党群工作部）

战略定位

【概况】 2015 年 8 月，国务院在《关于同意设立福州新区的批复》中明确，福州新区发展战略定位为“三区一门户一基地”，即两岸交流合作重要承载区、扩大对外开放重要门户、东南沿海重要现代产业基地改革创新示范区和生态文明先行区。

【两岸交流合作重要承载区】 发挥福州独特的优势，构建两岸对接的前沿平台，积极开展先行先试，推进对台合作政策机制创新，强化对平潭发展的腹地支撑作用，承接、放大平潭综合实验区功能，加强与台湾地区在经济、社会、文化等各领域的深度对接，促进榕台交流合作向纵深拓展。

【扩大对外开放重要门户】 积极参与、主动融入“一带一路”建设，打造中国 21 世纪海上丝绸之路核心区的中心城市。发展开放型经济，探索新形势下对外开放的新模式。依托海关特殊监管区域等平台，加大对外开放力度，推动中国（福建）自由贸易试验区建设，尽快形成可复制、可推广经验。

【东南沿海重要的现代产业基地】 推进产业转型升级，着力发展高新技术产业和现代服务业，深度开发利用海洋资源，培育发展海洋新兴产业，壮大临港产业，实现新区建设与产业升级“双轮驱动”、协同推进，打造东南沿海重要的现代产业基地。

【改革创新示范区】 深入落实创新驱动发展战略，按照国家关于构建区域创新体系的部署，加快制定新区创新发展顶层设计，提升区域创新能力。探索落实创新驱动各项改革举措，在创新型人才吸引、科技成果转化、利益分配激励机制等方面先行先试，发挥新区示范带动作用。积极探索城乡一体化发展新模式，为全国城乡管理体制改革提供经验和示范。加快推进简政放权、放管结合、优化服务，打造更加国际化、市场化、法治化的公平、统一、高效的营商环境。

【生态文明先行区】 强化生态文明理念，按照绿色循环低碳模式指导新区开发建设。全面优化新区国土空间开发格局，推动城镇化绿色发展。加快推进新区产业转型升级，推动循环化布局，对现有园区实施循环化改造，重点推进生产与生活系统的循环链接，全面促进资源节约利用。加大新区生态建设和环境保护力度，提升生态文明建设能力和水平。建立健全新区生态环境保护管理体制、生态补偿制度和资源有偿使用制度，推进新区经济社会与自然环境协调发展。

（福州新区党政办公室）

经济社会发展

【经济建设】 2023年，福州新区实现地区生产总值3127.20亿元，按可比价计算比上年增长6.3%。其中，第一产业增加值153.13亿元，增长4.3%；第二产业增加值1558.69亿元，增长6.3%；第三产业增加值1415.38亿元，增长6.4%。三次产业比为4.9∶49.8∶45.3。印发《关于落实新时代民营经济强省战略推进高质量发展的若干举措》，出台措施26条，包括打造公平市场环境、加大要素支持力度、提升法治保障水平、推动涉企改革创新、营造良好社会氛围 5 个方面，推动破解民营经济发展中面临的突出问题，激发民营经济发展活力，增创发展优势。

（福州新区经济发展局）

【政治建设】 2023 年，福州新区坚持以习近平新时代中国特色社会主义思想为指导，传承弘扬“3820”战略工程思想精髓，贯彻落实中共二十大精神和福建省委、福州市委的决策部署，实施“深学争优、敢为争先、实干争效”推动“党建领航、经济领跑、民生领先”行动，践行新发展理念，统筹经济社会全面发展。

（福州新区党政办公室）

【文化建设】 福州新区发挥商务印书馆福州分馆等文化场馆和文旅活动影响力，推动文化建设。截至 2023 年底，商务印书馆福州分馆共接待参访人员 6.19 万人次，举办公共文化活动 121 场；海峡青少年活动中心开发五大类兴趣课程 50 门，分为班级 273 个，全年招生 2204 人，参加兴趣培训青少年 3.7 万人次。福州新区滨江滨海文旅产业片区指挥部自 2023 年 1 月成立起至年底共策划文旅活动 12 场，举办“梦栖滨海、踏浪追风”主题系列活动、两岸青年棒球交流营、闽台马术邀请赛、全国桨板冠军赛等活动和赛事。

（福州新区行政审批局、滨江滨海文旅产业片区指挥部）

【社会建设】 截至 2023 年底，福州新区建成区累计规划建设中小学校和幼儿园 16 所，提供基础教育学位约 2 万个。其中，已投用市属学校（园）4 所，提供学位 7910 个；区属学校（园）5 所，提供学位 5970 个；民办学校 1 所，提供学位 2700 个。建成复旦大学附属华山医院福建医院和福建中医药大学附属康复医院滨海院区 2 家三甲医院，累计开放床位 1505 张，接诊总人数超 70 万人次。2023 年，福州新区规划区 177 个基础设施类市重点项目完成投资 683.33 亿元。推进地铁滨海快线（F1 线）、地铁 6 号线东调段建设，国道 316 线长乐漳港至营前段正式通车，福州（长乐）国际机场二期工程加快建设。

（福州新区行政审批局、经济发展局）

【生态文明建设】 2023年，闽江河口湿地正式入选国际重要湿地名录，闽江河口湿地生态保护及入侵物种综合治理入选全国山水工程首批优秀典型案例，滨海新城砂质海岸生态减灾案例入选自然资源部和世界自然保护联盟联合发布的《海岸带生态减灾协同增效国际案例集》，滨海新城海洋生态保护修复工程获得中央财政专项资金支持，完成入海排口溯源。

长乐区坚持全域治水，策划生成106个总投资约229亿元的“水美长乐”项目，长限生态补水泵站、东区水厂水质提升、下沙河和梅花河清淤等工程竣工，加快推进建设城乡供排水一体化、城区污水处理厂二厂等18个项目；全面落实“河湖长制”“河长日”，成立幸福河湖促进会，建立全省首个县级智慧水利系统，打造示范河道35条，整治入河排污口3437个，河长制工作和水质指标达标率均居全市前列，入选县域节水型社会达标区；全面落实“林长制”，植树造林63.53公顷，封山育林900.07公顷，改造低质低效林与疏林地759.13公顷；加快建设福州新区集中供热工程管网，松下片区全部实现低压蒸汽集中供热；开展“护河爱水、清洁家园”“六清一改”（村庄清洁行动：扫清楚、清清楚、拆清楚、整清楚、围清楚、分清楚；改变影响农村人居环境的不良习惯）“五个美丽”（美丽乡村庭院、美丽乡村微景观、美丽乡村小公园小广场、美丽田园、美丽乡村休闲旅游点）等行动，完成村庄规划编制23个，建设“绿盈乡村”高级版4个、中级版12个，新建“美丽乡村”庭院310户、微景观115处。推进垃圾分类工作，生活垃圾日处理规模超900吨。

（长乐区委党史方志室）

“数”说新区

“数”说新区

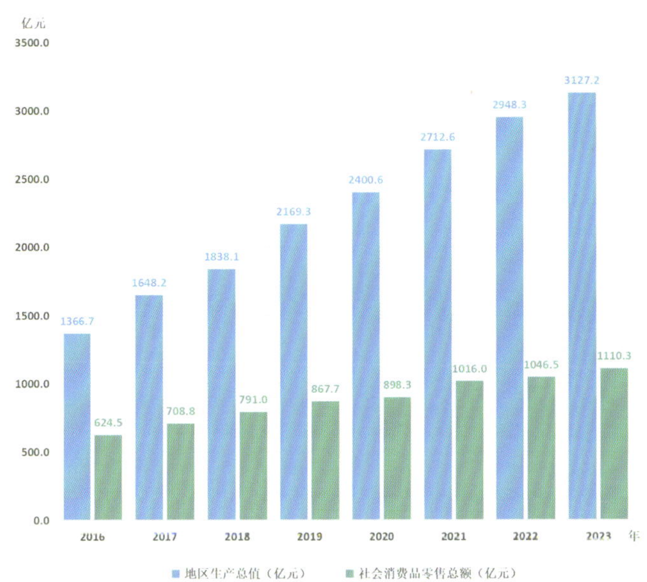

福州新区 2016—2023 年地区生产总值和社会消费品零售总额柱状图

经济总量

2023 年，福州新区地区生产总值 3127.20 亿元，比上年增长 6.3%；固定资产投资增长 3.0%；规模以上工业增加值增长 5.6%；社会消费品零售总额 1110.29 亿元，增长 6.1%。

福州新区地区生产总值	固定资产投资比上年增长	社会消费品零售总额
3127.20 亿元	**3.0%**	**1110.29 亿元**
比上年增长	规模以上工业增加值比上年增长	比上年增长
6.3%	**5.6%**	**6.1%**

财政收入

2023 年，福州新区一般公共预算收入 248.31 亿元，比上年增长 7.9%；一般公共预算支出 299.61 亿元，下降 1.9%。

一般公共预算收入
248.31 亿元

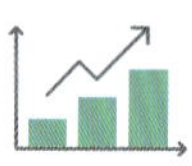
比上年增长
7.9%

一般公共预算支出
299.61 亿元

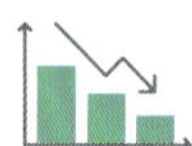
比上年减少
1.9%

教 育

截至 2023 年底，福州新区建成区累计规划建设中小学校和幼儿园 16 所，提供基础教育学位约 2 万个。其中，已投用市属学校（园）4 所，提供学位 7910 个；区属学校（园）5 所，提供学位 5970 个；民办学校 1 所，提供学位 2700 个。

累计规划建设中小学校和幼儿园	已投用市属学校（园）	民办学校
16 所	4 所 提供学位 7910 个	1 所
提供基础教育学位 约 2 万个	区属学校（园） 5 所 提供学位 5970 个	提供学位 2700 个

医 疗

建成复旦大学附属华山医院福建医院和福建中医药大学附属康复医院滨海院区 2 家三甲医院，截至 2023 年底，累计开放床位 1505 张，接诊总人数超 70 万人次。

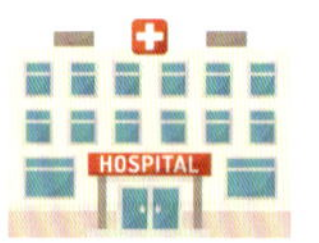

三甲医院
2 家

累计开放床位
1505 张

接诊总人数
超 70 万人次

产业发展

2023年，福州新区（规划区800平方千米）规模以上工业总产值4426.61亿元，比上年增长3.6%，规模以上工业增加值增长率5.6%；工业固定资产投资总额352.25亿元，比上年增长-0.2%；社会消费品零售总额1110.29亿元，比上年增长6.1%；服务业增加值1415.38亿元，比上年增长6.4%。

规模以上工业总产值
4426.61亿元
比上年增长
3.6%

规模以上工业增加值增长率
5.6%

工业固定资产投资总额
352.25亿元
比上年增长
-0.2%

社会消费品零售总额
1110.29亿元
比上年增长
6.1%

服务业增加值
1415.38亿元
比上年增长
6.4%

对外经济

2023年，福州新区进出口总额1716亿元，实际利用外资1.39亿美元。

（福州新区经济发展局、财政金融局、行政审批局、产业促进局）

对外开放

对外开放

门户枢纽

【航空】　2023年，福州（长乐）国际机场旅客吞吐量1320.47万人次，恢复至2019年的89.5%，比上年增长130%。7月，福州往返洛杉矶的洲际全货运航线正式复航。截至2023年12月，福州机场通航航点88个，在场运营航司37家，运营国内外航线105条，其中91条境内航线、5条地区航线、9条国际航线。航线直达欧洲、美洲、澳大利亚，覆盖东南亚主要国家及国内主要城市。

【港口航运】　福州港是海上丝绸之路沿线重要港口，也是福建省对外开放的重要门户。福州港航线通达全球40多个国家和地区。新区内松下、江阴、闽江口内港区三大港区有生产性泊位89个（万吨级以上泊位49个），在建泊位13个。其中，江阴港区外贸集装箱航线60余条（含丝路海运航线13条）。2023年，三大港区总吞吐量17764.68万吨，其中，集装箱吞吐量4359.22万吨（329.86万标准箱）、散杂货吞吐量13405.46万吨。

【海铁空铁联运】　福州新区江阴港区铁路物流园开通多条集装箱海铁联运班列，与全国铁路网衔接，港口服务延伸至江西、湖南等地。2022年，福州先后正式开通中欧（中国—欧洲）、中老（中国—老挝）、中亚（中国—中亚五国）班列，进一步延伸贸易通道。2023 年，推进松下港铁路专用线等铁路项目前期研究工作，以及福州（长乐）国际机场规划建设，以强化对外综合交通枢纽与城市道路交通、公共交通、轨道交通一体化衔接，改善优化旅客出行换乘条件。全年，海铁联运完成集装箱到发 6.37 万标箱。

（福州新区经济发展局）

经贸往来

【外资外贸】 2023 年，福州新区进出口总额 1716 亿元，实际利用外资 1.39 亿美元。2015 年 4 月自贸试验区（福州片区）挂牌成立，至 2023 年底，累计新增企业 4.83 万家，是挂牌前 7 倍，累计引进外商投资企业 1143 家，办理境外投资项目备案 86 个。

【产业合作平台】 2015 年福州新区成立后，临空经济示范区、长乐国际机场综合保税区、中印尼经贸创新发展示范园区等园区相继获批，江阴港综合保税区、福州综合保税区等园区加速推进，整车综合服务、跨境电商、保税维修检测、保税加工贸易、冷链物流等涉外产业蓬勃发展。2023 年，出口汽车 24250 辆，发行中欧、中老、中亚等国际班列 17 次，运送货物 1864 标箱，运输总货值 3.96 亿元。

【经贸展会活动】 2023 年，福州新区融入“一带一路”建设，促进对外经贸交流合作，推动海洋装备、跨境电商等产业发展，新区内举办世界航海装备博览会、21 世纪海上丝绸之路博览会暨海峡两岸经贸交易会、中国跨境电商交易会、2023 RCEP（《区域全面经济伙伴关系协定》）经贸创新合作发展论坛暨中印尼“两国双园”开放发展对话活动等重要博览会、交易会。福州新区范围内的海峡国际会展中心和数字中国会展中心 2 个展馆年内共举办各类展会 121 场，总规模 149.95 万平方米，比上年增长 167.58%。其中，全国性展会 24 场，比上年增长 140%，较 2019 年增长 166.67%。

（福州新区经济发展局）

人文交流

【“海丝”文化影响力提升】 福州新区以“海丝”为牵引，助力“一带一路”建设，持续推进与各国的人文交流合作。2023 年，通过第八届海上丝绸之路（福州）国际旅游节、中国侨智发展大会等国际国内重要会议，持续提升福州新区知名度和影响力。举办首届中国董奉中医药文化论坛暨第三届海峡岐黄论坛，弘扬长乐杏林文化，打造中药文化对外合作交流平台。

【科教合作深化】 2022 年 12 月 5 日，天津大学福州国际联合学院正式启用。截至 2023 年底，引进天津大学、新加坡国立大学学术带头人 25 人，引进博士后 43 人；招收全职青年科学家 11 人，包括新加坡籍 2 人和中国香港地区人员 1 人。联合学院累计获批国家级、省部级重点项目 118 个，申请专利 228 项，累计发表高水平论文 1320 篇。

（福州新区经济发展局、行政审批局）

闽港合作

【概况】 2022 年 11 月 14 日，香港再出发大联盟和福州新区共同成立福州新区闽港合作咨询委员会，下设秘书处、香港工作站和 7 个专项工作小组，聘请 32 名港方和首批 8 名内地委员，邀请 50 余个来自福建省、福州市直相关部门、国企、行业协会的专业人员参与，共同为闽港合作提供意见和建议。

2023 年，全国政协副主席梁振英 3 次率团到福州新区考察，福州新区主要领导 3 批次率团赴港交流，各专项工作小组强化对接，形成合作事项 40 余个，两地主流媒体发布相关专题报道 100 多篇，到咨委会秘书处参观交流人员累计 1500 多人次。闽港合作相关工作得到全国政协副主席梁振英和省市领导批示肯定 14 次，闽港合作案例被评为 2023 年福州市改革系统优秀案例。

【数字经济领域合作】 2023 年，福州新区重点围绕数据存储、算

力服务等领域，解决出境数据安全评估可行性方案及数据跨境流动业务推广等问题，推动闽港数据容灾和存储中心等合作项目落地，促进实现“港数闽存、港数闽算”。4 月，闽港数字经济合作论坛等数字经济专场交流活动举办。7 月，闽港人工智能基础设施平台一期（125P）等项目规划投建。11 月，招赢数字股权投资基金设立。

【金融合作】 2023 年，福州新区聚焦“福建所需、香港所长”，发挥香港绿色金融平台优势，帮助新区 IDC 机柜 PUE（电力使用效率）节能优化、MIC（钢模块）绿色建造、沿海风电利用、沙滩保护修复、

▲ 2023 年 6 月 27—30 日，福建省代表团赴香港、澳门开展招商推介、项目签约等对接活动 （福州新区党群工作部 供图）

闽江河口及东湖湿地保护等环保项目，实现可持续绿色发展，支持闽籍企业赴港发债、赴港上市。与港交所共同举办“企业家资本之路——香港上市”等闽港金融合作综合性重要活动。闽籍民营企业喜相逢集团控股有限公司在港交所主板上市。集友银行为新区企业融资 11.06 亿元。

【贸易合作】 2023 年，福州新区重点围绕跨境贸易合作、设立跨境投资基金、支持重点香港企业展业开拓市场等，探索闽港贸易合作新模式和新举措，使两地资源互享、优势互补，推动闽港贸易合作新发展。福州市首只境外有限合伙人基金——全港资企业凯辉共创（福州）股权投资合伙企业（有限合伙）落地福州新区。

【航空物流合作】 2023 年，福州新区致力于跨境航空物流合作业务，包括港货专仓建设、货物运输及配送、物流信息系统建设等重点工作。国泰航空执飞的福州至香港航线航班从原先每周 6 班增至每周 9 班。香港圣力投资集团与长乐区政府签署实业产业园招商及产教融合项目，推进实训基地建设。香港优选电商平台有限公司与福州圣信众创网络科技有限公司整合资源，联合发展，签约闽港优选电商平台项目。

【港口物流合作】 2023 年，福州新区聚焦闽港两地航运物流、码头开发建设、法律服务等领域，推动两地港口物流行业全方位合作。组织召开福建国际航运企业及相关服务机构座谈会，联合福建省律师协会举办海丝仲裁法律大讲堂之“一带一路”涉外商事仲裁法律实务交流活动，推动松下码头及港区开发建设和运营增资项目落地实施。

【生物医药领域合作】 2023 年，福州新区围绕谋划推进科创平台建设、推动香港孵化成熟项目到福州新区转化、筹办展会和商务活动、向上争取先行先试政策、探索闽港临床研究合作共享机制、推动医疗人才交流合作等方面，开展闽港两地生物医药领域合作。福州新区集团、华山医院福建医院赴港参加第二届香港国际生物科技展系列活动，与香港生物科技协会签署合作谅解备忘录。

【文旅合作】 2023年，福州新区聚焦文旅规划咨询、赛事及活动合作、宣传推介、人才交流及市场合作等领域，进一步探索闽港合作空间和可开拓市场，加强两地文旅联系，促进文旅产业繁荣发展。在香港成功举办福州新区专题旅游推介会，在广州举办“有福之州”2023福州文旅招商推介会，组织福州长乐汇泉龙舟队参加香港国际龙舟邀请赛等赛事活动。共签订两个合作项目，包括网龙网络公司与香港联合出版（集团）有限公司签署战略协议、长乐区文投公司与香港耀荣文化、Mega Dream两家公司签约合作。

【教育合作】 2023年，福州新区聚焦整合福建省、福州市和福州新区教育资源，对接香港教育培训、赛事大会资源，推进闽港教育界开展多种形式合作，孵化落地闽港教育合作项目。闽港职业与应用教育联盟揭牌，闽港教育中心（香港）有限公司正式成立。

（福州新区党群工作部）

产业发展

产业发展

综 述

福州新区加快推进东南沿海重要现代产业基地建设，按照“产业专业化集群化、用地集约化、管理现代化”原则，推动工业向园区集聚发展，持续构建现代产业体系。2023年，江阴工业区规模以上工业总产值811.6亿元，临空经济区规模以上工业总产值1215.06亿元，长乐功能区规模以上工业总产值1032.32亿元，元洪投资区规模以上工业总产值304.56亿元。

2023年，福州新区核心区（680平方千米）范围内规模以上工业企业594家，年度总产值2933.95亿元，其中年产值100亿元以上5家，10亿元以上53家；规模以上服务业企业113家，年度总营收196.53亿元，其中年营收10亿元以上4家、1亿元以上20家；限额以上批发零售住宿餐饮业企业432家，年度总销售额2751.83亿元，其中年销售100亿元以上7家，10亿元以上44家。

2023年，福州新区开展龙头招商、产业链招商、以商招商、园区招商等多形式招商，分赴欧洲及中国港澳地区、北上广深等地招商65次，举办、参与各类大型招商推介和签约16场，全年签约重大项目100个（含增资扩产项目15个），总投资额944.96亿元，新增用地需求约300公顷。其中，已落地动建（含注册入驻）项目74个，总投资356.11亿元。东南大数据产业园新增企业主体100家。

福州新区核心区（680平方千米）培育数字经济、新材料新能源、新型显示、粮储与食品、生物医药健康、特色文旅等六大主导产业，形成纺织化纤、针织面料、钢铁冶金、粮油食品、商贸文旅5条传统产业链和数字产业、电子信息、新能源、医药健康、装备制造5条新兴产业链。2023年，10条产业链企业规模以上工业总产值2930.24亿元，规模以上服务业总营收182.10亿元，限额以上批发零售业总销售额2723.19亿元。

（福州新区产业促进局）

数字经济产业

【概况】 福州新区围绕“大数据采集—数据处理与分析—应用开发—软件产品—终端应用”和“人工智能算法—智能系统—人机交互—应用集成—产业应用”等关键链条，构建高效智能的数字生态系统，推进数字经济产业高质量发展。2023年，福州新区规模以上数字产业企业29家，总产值63.01亿元。

【福建省大数据集团有限公司】 福建省大数据集团有限公司是全国率先成立的省级国有全资大数据企业，于2021年8月26日注册成立，注册资本金100亿元，拥有成员企业24家，其中包括控股上市公司1家。集团的成立，是福建省委、省政府深化“把数字福建建设作为基础性先导性工程”重大决策部署，加快培育数据要素市场，进一步推进新时代数字福建建设的重要举措。集团定位为省级电子政务公共平台和新建省级部门政务信息系统业主单位，负责省级电子政务网络、云平台等系统的建设和运维；全省公共数据资源一级开发主体；全省数字经济发展的市场化、专业化主体及主要投融资平台。2022年10月，福建省大数据集团落户福州新区，推动福建大数据交易所、福建大数据产业基金等产业生态相继落地，与已落地的清华大学—福州数据技术研究院、中国联通东南研究院、华为鲲鹏等国内外知名企业集聚形成较为完善的数字经济产业生态。

【福建省数字福建云计算运营有限公司】 福建省数字福建云计算运营有限公司成立于 2015 年 3 月 25 日，是专业从事大数据中心建设运营的高新技术企业。公司致力于围绕大数据、云计算产业链构造生态环境，开展国企、民企、外企三维对接，带动产业集聚，推动东南区域数字经济产业发展。主导产品包括 IDC 数据中心服务、智能计算平台（超级计算 + 人工智能）、国资信创云等，其中数字福建云计算中心于 2020 年获省内第一家国家绿色数据中心认证，2021 年，成为全国首批、福建省唯一国家新型数据中心。2022 年被列为福建省重点上市后备企业、福建省第一批创新型中小企业、2022 福建战略性新兴产业企业 100 强。2023 年，获得国务院国有资产监督管理委员会办公厅颁发的“首届国企数字场景创新专业赛二等奖（数据中心基础设施监控管理系统）”，获评福建省“专精特新”中小企业、福建省数字经济领域“瞪羚”创新企业、福建省级新型研发机构、福建省工业和信息化省级龙头企业。

【网龙网络控股有限公司】 网龙网络控股有限公司成立于 1999 年，总部位于福建省福州市，是全球领先的互联网社区创建者。2014—2016 年，公司连续 3 年获评全国文化企业 30 强；2013—2023 年连续 11 年入选“中国互联网企业百强榜”，跻身福布斯全球企业 2000 强。公司为首批开拓国际市场并成功运营的中国网游企业，产品覆盖英语、法语、西班牙语、阿拉伯语等 11 种语言区域 180 多个国家。通过近年来教育战略投资，网龙的教育版图覆盖 192 个国家和地区、超 1.5 亿个用户、200 余万间教室，建立起辐射全球的 K12 教育社区网络和生态系统（K12 网络教育是利用互联网技术和在线平台，为幼儿园至高中阶段的学生提供在线学习资源和教学服务的教育模式）。公司协助政府打造面向全球的“中国 • 福建 VR 产业基地”，推出中国福建 VR（虚拟现实）产业公共服务平台，并依托数字教育小镇，创建全球数字教育内容生产基地。

（福州新区产业促进局）

电子信息产业

【概况】 福州新区围绕“显示屏制造—显示模组—显示终端产品—配套零部件”和“半导体材料—芯片制造—集成电路—电子器件—终端应用”等关键链条，打造高品质显示屏和先进半导体产品。2023 年，福州新区规模以上电子信息企业 12 家，总产值 23.94 亿元。

【恒美光电股份有限公司】 2021 年 3 月开工建厂，2021 年 10 月厂房封顶，2022 年 7 月安装设备，2022 年 9 月 27 日，恒美偏光片智造工厂建成投产。2023 年，福米恒美偏光片全球首条 8K 超高清第二条生产线投产，福米贴片模组第一片产品下线。恒美光电通过应用自主研发的关键设备和技术，实现部分设备的国产替代，建立更高标准的人工智

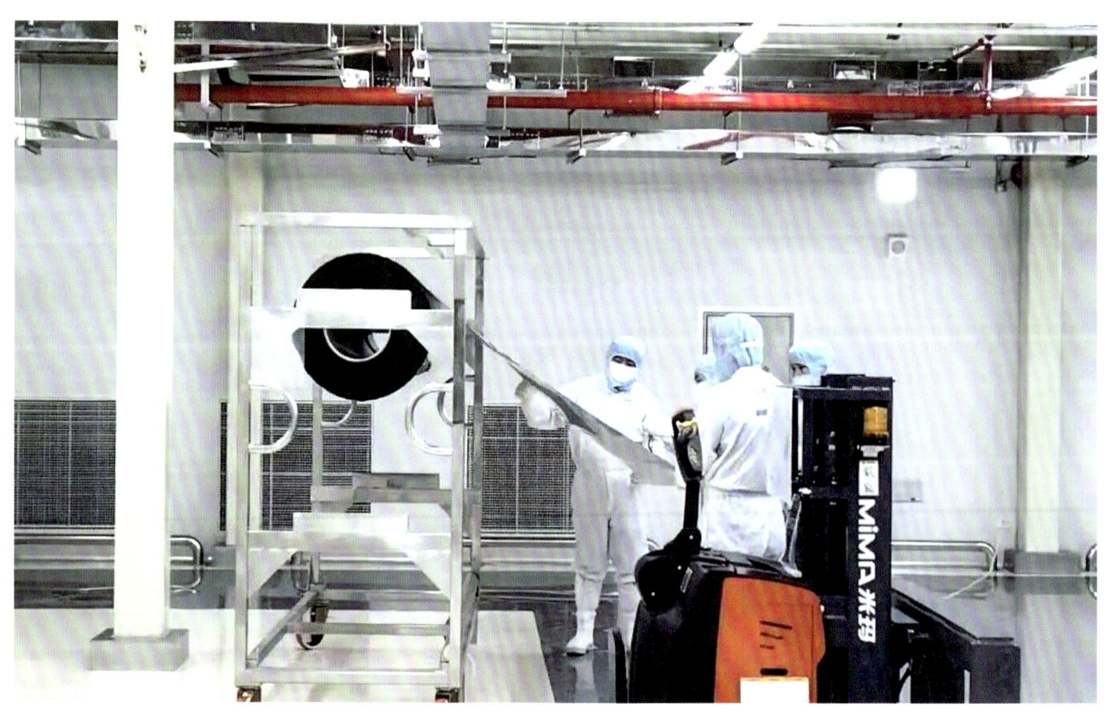

▲ 2023 年，福米恒美偏光片全球首条 8K 超高清第二条生产线投产 （福州新区产业促进局 供图）

能大数据运算数字化管理平台，由云端统一管理机器、零件、工序、产品，实现单位投资比常规工厂下降 40%，良品率提高至 99% 以上。生产的 8K 超高清宽幅 2.6 米偏光片是全球单体工厂最大产能的超大尺寸偏光片项目，打破国内显示面板材料被国外厂商“卡脖子”局面，实现关键材料“中国制造”。以恒美偏光片项目为龙头，福米产业园引进福美显材贴合项目、模组项目以及多家关联度高的优质企业形成配套，全力打造以新型显示及第三代半导体基础材料为核心的应用型终端产业生态，打造中国首个产业链最完备、产业要素最集中的光电产业基地。

【福建阿石创新材料股份有限公司】　福建阿石创新材料股份有限公司成立于 2002 年，将新材料研发作为企业发展的核心驱动力，至 2023 年，在新型显示领域，阿石创在全球显示面板产线中导入产线一半以上，是全球显示产业领域拥有先进设备、掌握关键核心技术、产品最

▲ 2022 年，福建阿石创新材料股份有限公司获评“国家知识产权优势企业”。图为公司实验室 （福州新区党群工作部 供图）

多元化的 PVD（物理气相沉积）镀膜材料龙头企业之一，为省内规模最大 PVD 镀膜材料研发生产企业，其中钼靶材全球市场占有率第二，下游应用端包括光、屏、芯、能四个领域。2014 年，攻克“大尺寸一体化靶材”关键技术，为京东方提供国内第一片“AMOLED 用一体化钼靶材”；2017 年，建成行业首条大型溅射靶材自动化绑定生产线，多款溅射靶材年产能位居国内前列；2020 年，联合郑州大学何季麟院士团队攻克国家“卡脖子”技术之一“高性能 ITO 靶材”，获国家技术发明二等奖。企业获评国家级高新技术企业、工信部专精特新“小巨人”企业、中国光电行业社会突出贡献企业、福建省制造业单项冠军企业等，获国家科技发明二等奖、中国新型显示产业链发展贡献奖、中国有色金属工业科技一等奖、福建省科技进步一等奖。

（福州新区产业促进局）

新能源产业

【概况】 福州新区围绕“风能发电设备—风力发电场—风电并网—风电运维”和“氢能供应—氢气储运—氢能应用”等关键链条，打造高效可靠的风能、氢能产业系统，促进清洁能源产业发展。2023 年，福州新区规模以上新能源企业 16 家，总产值 93.24 亿元。

【华能国际电力股份有限公司福州电厂】 华能福州电厂位于福建省福州市长乐区筹东，闽江南岸，是国务院批准的华能国际电力开发公司第一批建设项目，1994 年 6 月 30 日改制后，成为华能国际电力股份有限公司第一批全资电厂之一。电厂 6 台机组分为三期建设，2010 年全部建成投产，总装机容量达到 2720 兆瓦。华能福州电厂投产以来，至 2023 年底，累计发电 2240.27 亿千瓦时。

【福建省福能海峡发电有限公司】 福建省福能海峡发电有限公司由

福建福能股份有限公司、海峡发电有限责任公司分别按51%、49%股比设立，注册资本金2亿元，主要经营范围为风力发电、太阳能发电、生物能发电、潮汐能发电、海洋能发电、地热发电等新能源电力生产与销售。公司主要负责长乐外海海上风电项目，其中，C区项目已获福建省发改委核准，装机规模48万千瓦，总投资112亿元，是福建省重点建设的能源项目。福建省福能海峡发电有限公司充分利用长乐深远海域丰富的风能资源，建设省内单体容量最大的海上风电项目，响应国家“双碳”目标，助力降低全省煤炭消耗、缓解环境污染、改善电源结构，是福建省能源发展战略的重要组成部分。

【福州海峡发电有限公司】　福州海峡发电有限公司成立于2017年4月14日，公司位于福建省福州市长乐区松下镇首祉村军民路100号，所属行业为电力、热力生产和供应业。2018年12月29日，公司取得福建省发改委核准建设长乐外海海上风电场A区项目。项目分为海上风电场和陆上集控中心两部分，海上风电场位于长乐区海岸线以东

▲ 2023年9月17日，全球首台16兆瓦超大容量海上风电机组在福建海上风电场并网发电（高扬 摄）

31 ～ 45 千米外海海域，陆上集控中心位于长乐区松下镇首祉村。项目建设规模为 297.8 兆瓦，共安装 37 台风力发电机组，其中 14 台 6.7 兆瓦、13 台 8 兆瓦、10 台 10 兆瓦，配套建设 1 座 220 千伏海上升压变电站，1 座 220 千伏陆上集控中心，其中，陆上集控中心站区总用地面积约 9100 平方米，总建筑面积 4296 平方米。项目于 2019 年 12 月 26 日开工，2021 年 12 月项目顺利实现并网发电。2023 年福州海峡发电有限公司实现产值约 8.3 亿元，年发电量 1.1 亿千瓦时。

（福州新区产业促进局）

医药健康产业

【概况】 福州新区围绕“生物药物研发—制剂生产—临床试验—注册审批—市场销售”和“生物医学检测—诊断试剂—医疗器械—医疗服务—康复护理”等关键链条，推进创新药物和生物制剂的研发、生产和销售应用。2023 年，福州新区规模以上医药健康企业 7 家，总产值 2.66 亿元。

【福建贝瑞基因数字生命产业园】 2017 年 2 月，贝瑞基因公司与福州市政府签订战略合作协议，在滨海新城兴建福建贝瑞基因数字生命产业园，占地面积 10 公顷，总建筑面积约 23 万平方米，总投资约 24 亿元。产业园搭建覆盖产、学、研、资多维度的新型基因产业生态系统，实现对上游的试剂和仪器生产制造、中游的基因检测技术研究与应用，以及下游的基因治疗与大数据分析服务的基因行业全产业链布局，应用大数据、人工智能、基因测序、基因编辑等前沿科学技术，推动从研发生态向技术生态、产业生态的逐层转化，实现从婚前、孕前、产前、新生儿、幼儿、少年、壮年到老年全生命周期的数字化健康管理的战略愿景。该产业园已搭建 5 个业务领域：肿瘤领域，科技服务、遗传病领域，医疗器械领域，三代测序领域，基因大数据领域。

（福州新区产业促进局）

装备制造产业

【概况】 福州新区围绕“原材料采购—智能设备制造—生产流程优化—数据分析应用—智能产品交付” 等关键链条，推动智能制造与人工智能、物联网等领域深度融合，打造高水准智能制造产业链企业和高端产品。2023 年，福州新区规模以上装备制造企业 181 家，总产值 246.57 亿元。

【福建博那德科技园开发有限公司】 福建博那德科技园开发有限公司成立于 2013 年，注册资本金 65890 万元，总投资 26 亿元，占地面积 54 公顷，拥有中国钢结构制造企业特级、钢结构设计两项核心资质。公司先后获得“福建省建筑业协会金属结构与建材分会理事单位”“福建省建筑产业现代化协会副会长单位”“首批国家装配式建筑产业基地”“中国建筑协会团体会员”等荣誉称号。公司自主研发绿色装配式钢结构建筑、特种设备智能制造两大技术体系。业务及产品涵盖钢结构工业厂房、钢结构住宅建筑、钢结构桥梁建筑、空间钢结构建筑、钢结构集成房屋等多领域，应用于全国各地住宅、办公、医院、学校、大型场馆、机场、工业厂房、桥梁等项目。

【福建雪人股份有限公司】 福建雪人股份有限公司创建于 2000 年 3 月，于 2011 年 12 月在中国深圳证券交易所上市。公司是一家以热能动力技术为核心，精密制造工艺为基础的冷热与新能源装备制造的高新技术企业。公司致力于在冷链物流、工业制冷、清洁能源以及氢能动力四大领域为全球提供公司的产品、技术以及服务。在全球制冰设备制造行业，公司拥有国际知名制冰设备品牌“SNOWKEY”，是全国冷标委制冰机工作组所在单位，负责制定国家和行业标准。在压缩机方面，公司拥有两大国际压缩机品牌——瑞典“SRM”（世界螺杆压缩机鼻祖）和意大利“Refcomp”，掌握各类螺杆压缩机、活塞压缩机以及螺杆膨胀发电机技术。公司通过入股美国 CN 公司（全球领先的透平机械专业技术公司）并合作开发磁悬浮离心压缩机，向高端透平机械领域发展。公司自主开发的 -271℃大型氦气压缩机技术水平国际领先，并已应用于液氢、液氦以及领先科研机构的大科学工程项目中。公司通过持续的并购、合作，全面掌握了高端压缩机设计和制造的核心技术，现已成为世界知名压缩机制造企业。在氢能源方面，公司在掌握燃料电池空压机和氢气循环泵的核心技术的基础上，进一步整合国际氢能产业链上的核心技术与国际知名品牌，发展燃料电池动力系统及系统核心零部件制造业务。公司将现有压缩机技术、制冷技术以及换热技术延伸应用在液氢以及加氢装备领域，成为中国氢能产业的领先企业之一。公司在瑞典、意大利、美国、加拿大、日本等国家和地区建立技术研发中心，通过与国内外顶尖研发机构和高等院校合作，以自身培训、联合培养、引进相结合方式，建成一支基础研究、技术开发、产业化和市场化相结合的高素质科技创新队伍。

（福州新区产业促进局）

纺织化纤产业

【概况】 福州新区围绕“纺织品纤维原料—纺织化纤原料—纺织化纤生产—纺织加工—纺织品制成品”等关键链条，以智能化、绿色化、高端化为导向，构建具有竞争力的纺织化纤产业链。2023 年，福州新区规模以上纺织化纤企业 63 家，总产值 1277.32 亿元。

【福建省恒申合纤科技有限公司】 福建省恒申合纤科技有限公司隶属于恒申控股集团，成立于 2010 年 6 月，占地面积 100 公顷。公司主营产品以锦纶民用丝生产为核心，并辅以锦纶 6 聚合切片、氨纶丝的生产，现已具备年产锦纶 6 长丝、高弹丝 18 万吨、锦纶 6 切片 15 万吨、氨纶纤维 4 万吨、短纤 2 万吨的生产能力，可为全球用户提供“环己酮—己内酰胺—聚酰胺—锦纶 6 纺丝—锦纶 6 加弹—整经—织造—染整”锦纶 6 八道产业链完整解决方案，是国内锦纶 6 龙头企业。

【福建金源纺织有限公司】 福建省金源纺织有限公司，成立于 1999 年 3 月，公司总注册资本 6.8 亿元，总建筑面积超过 42 万平方米。公司拥有8座具有国际先进水平的生产线设备车间，拥有精梳环锭纺、紧密赛洛纺、气流纺等纱锭65万锭，年生产各式成品纱10多万吨，是福建省纺纱规模首家突破60万纱锭的企业。公司为中国棉纺织行业协会常务理事单位，中国纺织工业协会“AAA级信用企业”，福建省百家重点工业企业。2020年10月荣获“福建省第四批制造业单项冠军产品”称号，是福建省民营企业100强，2022年11月入选工业和信息化部“重点培育纺织服装百家品牌名单”。2023年，有员工2800余人，其中技术人员300多人，高级技术人员近百人。当年2月入选工业和信息化部“2022年中国绿色工厂”名单。

【福建永荣锦江股份有限公司】 福建永荣锦江股份有限公司（原福建锦江科技有限公司）是一家集化工、化纤及新材料于一体的大型高新技术企业，创建于2006年。至2023年，公司拥有永荣科技、景丰科技、新创锦纶实业、荣辰新材料等多家实体企业，打通从“苯—己内酰胺—尼龙切片—尼龙纤维”上下游产业链，员工超6000人。公司先后荣获“亚洲品牌500强”“中国驰名商标”“国家火炬计划重点高新技术企业”“福建省首批50家创百亿企业”“福建省百家重点工业企业”“国家企业技术中心”“国家技术创新示范企业”“国家功能性聚酰胺纤维产品开发基地”等称号。永荣锦江股份有限公司多次入选福建省首批“制造业单项冠军企业”名录，成为全国单项冠军示范企业。

（福州新区产业促进局）

针织面料产业

【概况】 福州新区围绕“纺织原材料—纺织面料—纺织成品—时尚服装制造”等关键链条，以数字化、智能化、功能化为导向，重点培育功能性面料、智能纺织等高附加值产品。2023年，福州新区规模以上针织面料企业235家，总产值419.15亿元。

【福建永丰针纺有限公司】 福建永丰针纺有限公司始建于1984年，

是国内最早的纺织民营企业之一，1992年经历市场改革重组，创立“永丰”品牌。公司采用德国KARLM MAYER（卡尔 迈耶）EL5/1、RSE4-1、HKS2、HKS3等经编设备，采用先进管理体制，聘请高端管理技术人才，构建“研发—生产—营销—协作”创新体系，是一家集纺织科研、制造、染整、经编、纬编织造、内衣设计生产于一体的民营企业。公司多年来主营高档经编与花边布料、印染加工、内衣服装等。企业荣获“福建省高新技术企业”“福建省科技小巨人领军企业”“福建省经编提花科技创新中心”“福州市市级企业技术中心”等称号。

【福建东龙针纺有限公司】 福建东龙针纺有限公司是专业生产高档内衣花边、服装面料、产业用布的大型纺织经编花边企业，集研发、织造、染整、检测于一体。公司是全国纺织《针织经编花边》（FZ/T 73027—2016）行业标准主起草单位，《纺织品 2-甲氧基乙醇和2-乙氧基乙醇的测定》（GB/T 32612—2016）国家标准主起草单位，全国唯一“国家经编花边面料开发基地”；公司拥有健全的品质管控系统，设有福建经编花边行业首家中国合格评定国家认可委员会（CNAS）认证的实验室，设有BV认证的检测中心；通过ISO 9001质量管理体系、ISO 14001环境管理体系、ISO 45001职业健康管理体系认证、ISO 5001能源管理体系认证、瑞士Oeko-Tex standard 100生态纺织品的认证、Lbrands & Mast金牌实验室BV认证、H&M优秀供应商实验室认证。公司获“中国最具影响力经编企业”“工信部印染行业规范公告企业”“国家高新技术企业”“福建省诚信建设先进单位”“福建省智能制造试点示范企业”“福建省创新型试点企业”“福建省知识产权保护重点企业”“福建名牌产品”等称号。

（福州新区产业促进局）

钢铁冶金产业

【概况】 福州新区围绕“冶金矿产资源开发—绿色冶炼—高品质不锈钢生产—高值应用”等关键链条，重点发展高品质不锈钢板、管、线等产品，提升冶炼技术和工艺，降低能耗和排放，推动资源循环利用。2023 年，福州新区规模以上钢铁冶金企业 28 家，总产值 479.36 亿元。

【大东海集团】 大东海集团是集钢铁制造、房地产、建筑、物业管理、船运、经贸等多种行业于一体的综合性集团企业。集团旗下拥有河北东海特钢集团有限公司、福建大东海实业集团有限公司、福建大东海地产集团有限公司等 30 余家企业，员工 2 万余人。大东海集团先后获选中国企业 500 强、中国制造业企业 500 强、中国民营企业 500 强、中国民营企业制造业 500 强、福建省企业 100 强、福建省制造业企业 100 强、福建省民营企业 100 强、福建省民营企业制造业 50 强，2019—2021 年连续 3 年入选全球 50 大钢企排行榜。集团所辖的福建大东海实业集团有限公司坚持“绿色、低碳”目标，现有生产配套脱硫、脱硝、除尘、降噪、节能设备及工艺技术，污染排放均达到国家超低标准，被评为国家级“绿色工厂”。

【福建吴航不锈钢制品有限公司】 福建吴航不锈钢制品有限公司创办于 1993 年，系中外合资企业，公司注册资本 9 亿元，总资产 80 亿元，占地面积 110 万平方米，拥有员工 2500 人。至 2023 年，公司建成不锈钢原料加工、冶炼、钢带热轧，不锈钢高速线材、H 型钢、不锈钢固溶处理以及机修等 10 个车间。年生产能力为 160 余万吨各种牌号、规格的不锈钢带、高速线材、H 型钢。吴航不锈钢制品有限公司为国内重要的不锈钢生产基地之一，是福建省百家重点企业，“吴航牌”不锈钢带被评为“福建省名牌产品”，并获得省技术监督局颁发的产品质量稳定证书。公司先后被评为“外商投资先进技术企业”“环境保护先进单位”“突出贡献工业企业”“纳税百强企业”“重合同守信用单位”等。

粮油食品产业

【概况】 福州新区围绕“农业生产—加工制造—物流流通—市场

销售—消费服务”等关键链条，加强农产品种植、粮油加工、储运等环节一体化协同发展。2023 年，福州新区规模以上粮油食品企业 62 家，总产值 352.53 亿元。

【福建元成豆业有限公司】 福建元成豆业有限公司成立于 2004 年，占地面积 36.13 公顷，注册资本 77743.72 万元，是一家以大豆深加工为主的省级食品行业龙头企业。至 2023 年，公司建成 4 条生产线：一条生产能力为日加工 3500 吨大豆生产线；一条日加工膨化大豆粉 400 吨生产线；一条日精炼大豆一级油 1000 吨生产线；一条日加工小包装油 200 吨生产线。配套大豆原材料和成品豆粕 10 万吨库容仓储及 6 万吨级油脂存储罐。产品包括三大系列：多宝牌大豆油、元成牌豆粕、元成牌浓缩磷脂。先后荣获“福建省农业产业化省级重点龙头企业”“福建省科技型企业”“福建省守合同重信用企业”“福建省民营企业制造业 50 强”“福建省制造业企业 100 强”“全国食用油加工企业 50 强”“中国农业企业 500 强”等荣誉称号。

【福建御冠食品有限公司】 福建御冠食品有限公司创立于 2015 年 6 月，位于福建省福清市海口镇，注册资金 3200 万元。2023 年有员工 300 多人。公司通过新食品安全 SC 生产许可体系认证，注册的“珍享”品牌荣获“福州市知名商标”“海西健康生活魅力品牌”“最佳自建渠道品牌”“福建省纳税优秀会员单位”等荣誉称号。2015 年，公司赞助首届全国青年运动会，摘得“首届全国青年运动会特许生产商”桂冠。2023 年，完成产值 33.26 亿元。公司新厂位于福州元洪国际食品园，该项目计划投资 1.2 亿元，建筑面积 50044 平方米，年产速冻食品 10 万吨。

（福州新区产业促进局）

商贸文旅产业

【概况】 福州新区围绕“旅游目的地规划—基础设施建设—产品

开发—营销推广—游客服务体验”链条，优化基础设施，创新旅游产品，提升旅游服务质量，打造具有海滨特色的旅游目的地。围绕“商品供应—零售与批发—物流配送—商贸市场—商贸服务”链条，优化商贸体系，创新供应链，提升服务品质，打造形成现代化商贸服务市场。2023年，福州新区规模以上商贸文旅企业428家，总产值2877.74亿元。

【下沙海滨度假村】 福州新区下沙海滨度假村位于长乐江田镇，大海、沙滩、岛礁、山峰、海滨森林等景观相互交融，融雄浑壮阔、秀美神奇为一体，形成独特的自然风光。度假村标志性建筑海螺塔和海蚌厅为中国科学院院士齐康设计。下沙海滨度假村自2023年“五一”国际劳动节假期重新开放后，吸引游客超400万人次。

【闽江河口国家湿地公园】 福建长乐闽江河口国家湿地公园，位于福建省福州市长乐区东北部潭头镇，是国家AAAA级旅游景区，被评为“中国十大最美湿地”。景区依托于有“中国十大魅力湿地”之称的闽江河口湿地自然保护区，占地面积177.9公顷，有河口水域、潮间带沙滩、红树林沼泽等7种湿地类型，是一个集自然保护、生态旅游、科研科普、环境教育、休闲观光于一体的国家湿地公园。

【神州数码（福州）科技有限公司】 神州数码（福州）科技有限公司成立于2021年7月31日，主要从事计算机系统服务、软硬件及辅助设备批发，网络设备、电子产品、通讯设备等销售。神州数码集团是中国先进的整合IT（信息技术）服务商，在国内分销领域上位居第一，与国际知名供应商展开合作，建成覆盖全国的IT网络，为中国企业提供信息化所需的产品、解决方案和服务。神州数码（福州）科技有限公司落户福州新区以来，经营收入、业务渠道等持续稳定增长，2023年销售额超243亿元。

（福州新区产业促进局）

改革创新

改革创新

综 述

2015 年，福州新区获批成立后，坚持以改革创新为突破口，培育新动能、激发新活力、塑造新优势。2023 年，福州新区在管理体制机制、产业导入模式等领域进行探索。

探索福州新区和长乐区协同联动、服务发展的融合机制，并谋划以九大片区作为先行融合载体。在九大片区探索“新区+属地+国企”的指挥部新机制，强化调度、指挥功能，确保新区实现“一盘棋”“一体化”发展。2023 年，福州新区依托九大片区新谋划生成重点项目 66 个，计划总投资 444.93 亿元，并梳理形成新区核心区未来 3—5 年重点建设项目 492 个，总投资 5980.5 亿元。

创新产业发展机制和招商模式。构建“一个片区、一个产业、一套班子、一个主体、一套政策、一个银团、一个基金”的“七个一”产业发展机制，确保每个片区都有明确的发展方向、管理团队、政策支持和资金保障。九大片区按照“指挥部+国企+基金+银团”的架构，发挥国企平台优势，促进政府、企业、金融机构协同作战。2023 年，福州新区引进 30 亿元以上重大产业链项目 3 个，重点招商项目 8 个，对接洽谈项目线索 200 余条。

推动自贸区福州片区以新区为重点，拓展创新空间和发展腹地，聚焦投资、贸易、金融等重点领域和关键环节，梳理形成第 20 批创新举措 41 项（含全国首创 8 项），并推动福州首只 QFLP（合格境外有限合伙人）基金——凯辉共创落地。

科技创新

【概况】 2023 年，福州新区推进科技创新和制度建设，打造重要科创平台 10 类 24 个，培育创新生态体系：高新技术企业 706 家，省级科技“小巨人”企业 162 家；省级新型研发机构 24 家，省级重点实验室 14 家；省级众创空间 4 家，市级众创空间 9 家；国家级专精特新“小巨人”企业 19 家，省级专精特新中小企业 96 家；国家级企业技术中心 2 家，省级企业技术中心 35 家；省级数字经济领域独角兽企业 2 家、未来独角兽企业 10 家、瞪羚企业 13 家；院士工作站 14 家。2023 年 R&D 经费支出为 33.27 亿元（福州市第 2 位），下降 5.4%，占 GDP 比重为 2.67%（福州市第 5 位）。

福州新区面向产业主战场，持续壮大战略性新兴产业，推动数字赋能。2023 年，福米恒美偏光片全球首条 8K 超高清第二条生产线投产，福米贴片模组第一片产品产出，阿石创 ITO 靶材等重点项目加速推进，临空新型显示标准化（国际）园区完整产业链条初步形成。18 兆瓦、超大容量直驱海上风电机组下线，海西新药、宽腾医疗、上海机器人产业技术研究院等项目落地新区。福建大数据交易所揭牌运营，招募数商生态企业超 200 家，服务合作数据服务商超 500 家，带动产值超 100 亿元。福建人工智能计算中心一期、福建大数据集团算力平台建成算力 230P，纳入全国人工智能算力战略体系。中国移动数据中心入选为国家新型数据中心典型案例，省工业互联网发展研究中心、健康医疗数商总部基地挂牌成立。建成 26 平方千米数字车城和智能网联汽车科创基地，完成 63 个路口智慧化改造，开放 15 条测试道路，成为全省首个规模化智能网联道路建成区和自动驾驶场景落地示范区。

◆ 延伸阅读

福州新区数字经济产业和生物医药产业快速崛起

福州新区成立后，推动数字产业蓬勃发展。至 2023 年，形成了“天上三朵云（数字福建政务云、商务云和福州政务云）、地上两条路（国家互联网骨干直联点、海峡光缆一号）、中间两中心（省超算中心、省智算中心）”的格局，通信枢纽、数据中心、算力中心等数字新基建配套水平全省领先。同时，福州新区引进国家健康医疗大数据中心等国家级平台，并落地全省唯一的工业互联网标识解析二级节点，规划机柜数6.5万个，可承载服务器约60万台，技术等级达到T4，是目前福建省集中度最高、规模最大、标准最高的数据中心。

同时，福州新区加快推动“产业数字化”转型，坚持头部带动，条块结合、塑造标准等多种方式，积极探索通过实施智能化技术改造，运用数字经济赋能先进制造业。新区筹建工联院福建分院暨国家互联网大数据中心，构建“1+2+1+1”的发展体系。打造基于工业互联网的产业赋能、企业转型、平台运营、政府管理等应用，形成立足长乐、辐射全省的工业互联网创新生态。积极扶持孵化本地的工业互联网龙头企业，打造恒申合纤、永荣锦江、骏鹏通信等一批智能制造、两化融合标杆企业，带动上下游产业链发展。建设“辅布司”“乐纺云”等公共服务平台，已接入纺织企业超过118家，汇集全球2万多家企业客户。大力推进标识解析体系建设，已接入企业721家，标识1.4亿余条，解析量15亿余条，占全市比重90%以上。

福州国际医疗综合实验区是新区生物医药产业重要载体，是全国第三个由国家支持成立的医疗政策先行先试区，2021年10月落户福州新区。福州国际医疗综合实验区先期重点打造“一带一区一中心”（高端医疗服务带、药械研发制造区、生物技术创新中心）启动区，重点发展特色医疗服务、生物技术及医药研发、先进医疗技术展示交流等产业。目前，福州新区已汇聚华山医院福建分院、福建中医药大学附属康复医院、福州市疾控中心等一批国内省内高端医疗机构；落地贝瑞基因、和瑞基因、复寅精准医学、瑞博斯、易瑞达等一批前沿生物医药企业。2023年新落地项目6个，包括海西新药产业化基地、宽腾医疗研发中心、上海机器人产业技术研究院福州创新中心、国控创服医疗技术服务项目、盛康生物福建基地项目、哈维生物科技项目等，已签约海峡两岸健康产业园、纽瑞特等项目，在谈项目16个，重要线索10余条。同时，引入省创新院下设福建生物医药产业研究院作为产业服务与孵化平台，加快培育产业生态。

【平台载体】　福州新区成立后，围绕六大主导产业、十条产业链发展，在数字经济、生物医药等领域，布局产学研转化科创平台，建成福州数据技术研究院、上海机器人产业技术研究院和福建省精准医学产业创新中心等平台；在纺织化纤产业领域，建设工业互联网平台赋能企业智能化改造和数字化转型。推动新型研发机构高水平培育和高质量运营，福州数据技术研究院有限公司、福建和瑞基因科技有限公司等24家企业入选省级新型研发机构，恒申控股集团有限公司院士工作站、福建阿石创新材料股份有限公司院士工作站等14家机构被评选为“福州市院士工作站”。

中国工业互联网研究院（福建分院）　2023年，研究院构建“1+2+1+1”发展体系，打造“一园两平台一中心一标杆”，即1批工业互联网产业园、2类平台、1个工业互联网人才培训中心、1批工业互联网标杆企业，构筑工业互联网产业高地、运营高地和人才高地。2023年，研究院作为智库支持福州市成为中小企业数字化转型试点城市；成立数字化转型标准化技术委员会，征集科研专项，55名标准化专家成员主动申请立项。

中国联通（福建）工业互联网研究院　研究院于2022年5月15日在福州市正式成立。该研究院由福建省工业和信息化厅与福建联通联合主办，旨在推动福建省工业互联网发展。研究院在工业互联网领域打造“福”系列工业互联网平台和“天”系列工业行业云等产品族群，为轻工行业的数字化转型提供支持。通过服务福建制造业转型升级，打造500余个工业互联网标杆项目，并获众多省部级奖项。研究院参与福建省工业互联网发展项目，推动实施多个重点项目，打造一批标杆示范项目和成功经验。截至2023年末，培育国家级工业互联网平台6个，省级工业互联网示范平台27个，标杆企业221家，典型应用案例78个。

福州数据技术研究院　福州数据技术研究院是由清华大学与福州市政府联合建设的科研平台，旨在推动大数据技术的发展和应用。该研究院成立于2017年11月，挂靠北京信息科学与技术国家研究中心，依托清华大学的科研前瞻和技术创新优势，结合福州市建设国家健康医疗大数据中心与产业园的机会。福州数据技术研究院有限公司则是该研究院的运营实体，专注于数字医疗、数字化转型等领域，致力于打造大数据产业创新高地。公司包括企业品牌项目 1 个、注册商标 73 个和软件著作权 29 个，已申请专利 114 项，其中发明专利 87 项，实用新型专利 27 项。

上海机器人产业技术研究院 上海机器人产业技术研究院作为国家机器人检测与评定中心（总部）和上海机器人研发与转化功能型平台承载主体，基于前期在机器人领域智能化共性技术、标准、检测评定方法等方面的科研成果，聚焦智能医疗器械装备升级应用需求，打造福州数字医疗器械装备科研成果转化创新驱动平台暨福州创新中心。

福州创新中心由智能创研实验室、关键技术应用实验室、验证实验室组成。通过与福建省药品监督管理局的合作，逐步建设医疗器械装备检测功能平台，实现上海机器人产业技术研究院功能延伸。智能创研实验室专注于前沿技术领域的软硬件研发与应用，致力于在人工智能、数字孪生、机器人等方面的创新技术研发，提供机器人软硬件设计验证、数据采集分析、研发功能测试等内容，为技术创新提供坚实的支撑。关键技术应用实验室基于机器人平台在智能感知、智能操控、人机交互及复合机器人等领域的关键技术成果，推动前沿技术产品在具体场景下的应用落地与成果转化，推动技术与产业的深度融合。验证实验室集检测、验证与认证于一体，包含复合机器人检测和安全检测两个核心实验室，专注于机器人在医疗、康复、教育、商业等应用场景下的安全性与可靠性验证，为机器人技术的研发和应用提供数据支持和安全保障。

【产业创新平台】 **智能汽车产业科创基地** 福州新区智能汽车产业科创基地于 2023 年 1 月 19 日开工建设，2023 年 4 月建成，建筑面积 4000 平方米。一层为展厅，展示福州新区智能汽车产业发展规划和场景落地实践，包括交通发展史、自动驾驶软硬件、智能网联道路、云控中心等展示介绍；二层为福州新区智能汽车公共实训中心，包括智能汽车关键技术、虚拟仿真、智慧交通等实训室，可容纳 200 名师生开展教学实训，培养智能汽车专业人才。三、四、五层将引入智能汽车上下游生态企业，已与阿波罗智行科技（福州）有限公司、招商局检测车辆技术研究院有限公司、国家汽车智能网联研究院有限公司等智能汽车上下游生态企业展开合作。未来将吸引更多上下游企业投资，为智能汽车初创类企业落地新区提供服务，实现“公共研发 + 运营孵化”，孵化专精特新“小巨人”企业，共建福州新区职教城，培养专业人才，助力产业发展。

福建省精准医学产业创新中心 福建省精准医学产业创新中心由中国武夷实业股份有限公司投资建设，提供空间、技术、资本和服务等资源的一站式创新创业平台，总投资近 4 亿元，占地面积 3.53 公顷，总建筑面积 8.4 万平方米，主要功能包括精准医学基础研究、成果转化和技术运用等，旨在打造精准医学产业化生态链。福建省精准医学产业创新中心依托复旦大学进行统筹规划和共建运营，进一步推动精准医学发展。2023 年，引入 IVD（体外诊断产品）制备、细胞存储与制备等生物医药产业。

【纺织类工业互联网平台】 **辅布司纺织 S2B 工业互联网平台** 辅布司全球纺织 S2B 工业互联网平台隶属福建东南西北科技集团，是基于大数据分析、物联网等新一代信息技术，运用 AI 图型搜索引擎和生产产能智能调度系统所搭建的全球纺织面辅料产供销一体化工业互联网平台。

辅布司平台包含面向成衣工厂和面辅料贸易商的销售平台“辅布司”APP 以及面向辅料生产厂家的云工厂平台。客户（贸易商、内衣厂家、内衣品牌）通过在“辅布司”APP 上进行商品选择与下订单，后台系统接收到订单后进行工艺分析，并通过 IoT（物联网）智纺魔盒进行设备上云共享，实时获取机器参数。基于机器参数和订单工艺，通过 ERP 系统进行智能路由，集采拼单，上游的生产商在线接单或者通过系统智能派单，生产商进行排产计划后生产形成共享存货，完成订单。辅布司平台解决了产品询盘困难、订单分散、工厂产能利用率低、库存压力大等问题，带动纺织中小型企业协同发展，以集约化、智能化升级体量，深化推进纺织工业数字化与智能化互联网转型升级，在行业产品研发和设计一体化的供应链服务方面做出创新突破。辅布司纺织工业互联网解决方案荣获“中国工信部 2021 年工业互联网 APP 优秀解决方案”“2022 年福建省工业互联网 APP 优秀解决方案”称号，2022 年入选为第一批国家财政支持中小企业数字化转型试点。

长乐纺织工业互联网平台 长乐纺织工业互联网平台通过整合和应用工业互联网技术，推动传统纺织制造业的信息化、智能化和数字化转型升级。2023年，接入613家纺织企业，连接设备8956台，涵盖化纤、纺纱、织造、染整等纺织细分行业。平台包括“乐纺云”“辅布司”等公共服务平台，专门服务于长乐花边面辅料产业。平台助力各纺织企业在生产效率、良品率、人员配置等方面实现全方位提升，经营业绩年均增长率保持在20%以上。该平台还拥有15个应用场景，形成较强服务能力和成熟的应用案例。长乐区通过实施智能化技术改造，探索运用数字经济赋能先进制造业，利用工业互联网打通产业链、供应链、操作链等措施，推进传统纺织产业的转型升级。金源纺织等企业通过引入5G+工业互联网技术，将车间管理由传统的“人治”转为“数治”，提高生产效率和管理水平。

【公共服务平台】 **福建人工智能计算中心** 福建人工智能计算中心是中国东南地区首个大规模人工智能算力集群，是福建省首个获批筹建的新一代国家人工智能公共算力开放创新平台，也是数字福州的重要载体之一。该中心由福州新区集团旗下福州市电子信息集团有限公司承建并运营，于2023年4月揭牌上线。总体规划算力400P，其中第一期算力105P，机柜内置模型算法库超500个，涵盖多个千亿级参数的自然语言处理AI大模型。在提供基础的算力支持以外，还建有人工智能训练服务系统、人工智能推理服务平台和数据中心管理平台，面向全省提供全场景、多维度的人工智能服务。至2023年末，已与171家企业建立合作关系。

国家东南健康医疗大数据中心 国家东南健康医疗大数据中心是由国家卫生健康委员会启动的首批健康医疗大数据中心及产业园试点工程之一。位于福州市滨海新城健康医疗大数据产业园，由福建省数字福建云计算运营有限公司负责建设和运营。中心占地面积4公顷，总建筑面积约12万平方米，规划投资17.23亿元，机柜1万个。中心不仅是重要的健康医疗大数据处理和存储中心，也是推动区域数字化转型和健康医疗产业发展的关键平台，旨在推动实体经济的数字化转型，助力健康医疗、档案、信创等重点领域的产业孵化、新产品研发和新场景构建，加快完善重点产业链，促进产业高质量发展。拥有 3 栋独立机房楼，楼宇之间实现物理隔离，是福建省内唯一获得 LEED（国际性绿色建筑认证系统）金级认证的大数据中心。

福建省大数据集团算力平台 福建省大数据集团算力平台项目于 2023 年 12 月 20 日试运行，旨在通过国际领先的高性能算力硬件和业界领先的 AI 算力平台软件，打造高性能 AI 算力池、云容器实例、AI 云开发机等算力服务产品，助力福建 AI 产业的发展。

平台不仅支持传统的大数据处理需求，还融入人工智能技术，为福建省乃至全国数字经济发展提供强有力支撑。福建省大数据集团还启动共建全国数据资产登记服务平台福建节点平台的建设工作，提供数据资产登记、评价、评估等一系列服务。

数字福建云计算中心（商务云） 数字福建云计算中心由福建省电子信息集团全资子公司福建省数字福建云计算运营有限公司运营。公司注册成立于 2015 年，注册资本金 6.84 亿元。公司专业从事大数据中心的建设运营，打造集通用数据中心、数据基础设施、超算中心于一体的高标准、高算力、绿色集约、一体化新一代数据中心。商务云可容纳机柜 4540 个，是省内唯一一家同时获得国家新型数据中心和国家绿色数据中心认证的大规模数据中心。通过定制型服务模式，提供高可靠、专业化的数据基础设施服务，中心的系统可用性达 99.99%，已入驻福建移动、福建电信、阿里云等一线运营商和云服务商，以及兴业证券、海峡银行等金融客户。

中国电信福建东南信息园 中国电信福建东南信息园是电信公司在福建省内 3 个 IDC 园区之一，为全省性 IDC 业务主要承载体。园区总面积 6.87 公顷，分为 3 个地块，规划 4 座数据中心楼，1 座生产指挥中心楼，1 座动力中心楼，1 座自建 110 千伏专用变电站。规划建筑总面积超 11 万平方米，全部数据中心机楼投产后业务规模将超过 11000 个机柜，总投资预计 16.34 亿元。截至 2023 年，安装机柜 2865 个，机柜等级 T4。项目致力于推进互联网、云计算、大数据、人工智能示范应用，推动东南地区大数据产业与经济社会协调发展，未来将立足于“数字中国”和“海丝核心区”产业基础，打造“国云海峡基地”，形成云生态复合园区。

中国移动（福建福州）数据中心 中国移动（福建福州）数据中心占地面积约 12.33 公顷，基础投资约 30 亿元，规划机架数 3 万架，可容纳服务器 24 万台，总出口带宽达 10T 以上。截至 2023 年，建成建筑面积 22.95 万平方米，安装机柜 6000 个，机柜等级 T3。

规划建设 15 栋大楼，包含数据中心 8 栋、动力中心 4 栋、研发运营楼 2 栋和 110 千伏变电站 1 座，是福建省内最大数据中心园区和全省业内首个自建 110 千伏变电站的数据中心。园区入驻政府、金融、互联网及教育等行业重点项目并运转良好。

中国联通福州智·云数据中心 中国联通福州智·云数据中心占地 4.29 公顷，整体规划建设高等级智·云数据中心 3 个，变电站 1 个和运维配套楼 1 栋，总建筑面积 8 万平方米，机架规模超万架。中国联通福州智·云数据中心作为福建联通“两院、两云、一基地、五大保障措施”创新能力体系的重要组成，是福建省内唯一直连香港“一带一路”枢纽和宁夏“东数西算”中心的区域级智云中心、大陆直连台湾时延最短品质最好的数据中心和省内首个通过省发改委节能审查的运营商数据中心。中国联通福州智·云数据中心发挥区域性国际局、双海缆和直达台湾及香港的国际网络优势，加快推进算网数智布局，建设面向人工智能的新一代新型智算数据中心。截至 2023 年底，一期工程（IDC1）列入福建省重点工程，累计投产业务机柜 1270 个，完成投资 3.3 亿元，腾讯、实达、信安博、华为云、商汤科技等客户入驻，机柜利用率 58%。

福建省大数据交易所 福建省大数据交易所于 2022 年 7 月 21 日揭牌成立，是福建省首个大数据交易所，在全国率先获得金融牌照。交易所依托福建省大数据集团汇聚全省近 7 万个数据资源目录、近千亿条政务数据的海量资源，同时联合首批数据合作伙伴，致力于推动公共数据与社会数据的深度融合发展，建立全省一体化的数据要素交易市场。截至 2023 年，交易所招募数商生态企业 237 家，服务合作数商超 500 家，挂牌产品 422 个，带动产业链上下游产值超 42 亿元。

【重要科创资源清单】 2023 年，福州新区科技创新资源按管理部门分类如下：

科技系统 高新技术企业706家，省级科技“小巨人”企业162家，省级新型研发机构24家，省级重点实验室14家，省级众创空间4家，市级众创空间9家。

工信系统 国家级专精特新“小巨人”企业19家，省级专精特新中小企业96家、省级企业技术中心35家。

发改系统 国家级企业技术中心2家，省级数字经济领域独角兽企业2家、未来独角兽企业10家、瞪羚企业13家。

科协系统 院士工作站14家。

2023年福州新区省级新型研发机构一览表

表4

序号	级别	机构名称
1	省级	福建省数字福建云计算运营有限公司
2	省级	福建雪人股份有限公司
3	省级	福州数据技术研究院有限公司
4	省级	福建和瑞基因科技有限公司
5	省级	福建天泉教育科技有限公司
6	省级	福州市福塑科学技术研究所有限公司
7	省级	福建新大陆电脑股份有限公司
8	省级	福建省新能海上风电研发中心有限公司
9	省级	福建省福船海洋工程技术研究院有限公司
10	省级	福建冠城瑞闽新能源科技有限公司
11	省级	中铝东南材料院（福建） 科技有限公司
12	省级	锐捷网络股份有限公司
13	省级	福建福大百特科技发展有限公司
14	省级	福建新大陆自动识别技术有限公司
15	省级	福建仙芝楼生物科技有限公司
16	省级	福建星网视易信息系统有限公司
17	省级	福州物联网开放实验室有限公司
18	省级	澳蓝（福建） 实业有限公司
19	省级	福建凯米网络科技有限公司
20	省级	福建新大陆通信科技股份有限公司
21	省级	福建升腾资讯有限公司

续表 4

序号	级别	机构名称
22	省级	福建省福抗药业股份有限公司
23	省级	福建福光股份有限公司
24	省级	福建中能电气有限公司

2023 年福州新区福建省企业重点实验室一览表

表 5

序号	实验室名称	承担单位
1	福建省条码识别技术企业重点实验室	新大陆数字技术股份有限公司
2	福建省无线网络与新业务企业重点实验室	中邮科通信技术股份有限公司
3	福建省功能性聚酰胺新材料重点实验室	福建锦江科技有限公司（福州市）
4	福建省压缩机性能研究重点实验室	福建雪人股份有限公司
5	福建省鳗鱼养殖与加工重点实验室	长乐聚泉食品有限公司
		福州大学
6	福建省特种成像光学重点实验室	福建福光股份有限公司
7	福建省数字化支付安全重点实验室	福建新大陆支付技术有限公司
		福建新大陆自动识别技术有限公司
8	福建省智能网联商用车重点实验室	厦门金龙联合汽车工业有限公司
		福州物联网开放实验室有限公司

2023 年福州新区福建省数字经济核心产业领域创新企业一览表

表 6

序号	申报单位	遴选结果
1	福建省华渔教育科技有限公司	独角兽企业
2	福建新大陆支付技术有限公司	独角兽企业
3	福建东南西北科技集团有限公司	未来独角兽企业
4	福建国光新业科技股份有限公司	未来独角兽企业
5	福建海电运维科技股份有限公司	未来独角兽企业
6	福建凯米网络科技有限公司	未来独角兽企业
7	福建新大陆软件工程有限公司	未来独角兽企业
8	福建新大陆通信科技股份有限公司	未来独角兽企业
9	福建新大陆自动识别技术有限公司	未来独角兽企业
10	福建植护网络科技有限公司	未来独角兽企业
11	慧翰微电子股份有限公司	未来独角兽企业

续表 6

序号	申报单位	遴选结果
12	联通（福建）产业互联网有限公司（联通工业互联网研究院）	未来独角兽企业
13	博思数采科技发展有限公司	瞪羚企业
14	福建百思奇智能科技有限公司	瞪羚企业
15	福建博思数字科技有限公司	瞪羚企业
16	福建大道成物流科技有限公司	瞪羚企业
17	福建省数字福建云计算运营有限公司	瞪羚企业
18	福建星云检测技术有限公司	瞪羚企业
19	福州米立科技股份有限公司	瞪羚企业
20	福州市数字产业互联科技有限责任公司	瞪羚企业
21	数采小博科技发展有限公司	瞪羚企业
22	数研院（福建）信息产业发展有限公司	瞪羚企业
23	天目数据（福建）科技有限公司	瞪羚企业
24	新大陆（福建）公共服务有限公司	瞪羚企业
25	智旦运宝宝（福建）科技有限公司	瞪羚企业

2023 年福州新区市级院士工作站一览表

表 7

序号	级别	工作站名称
1	市级	恒申控股集团有限公司院士工作站
2	市级	福建阿石创新材料股份有限公司 院士工作站
3	市级	福州数据技术研究院有限公司院士工作站
4	市级	中建海峡建设发展有限公司院士工作站
5	市级	中海峡（福建） 再生医学院士工作站
6	市级	腾景科技股份有限公司院士工作站
7	市级	阳光学院院士工作站
8	市级	福建六壬网安股份有限公司院士工作站
9	市级	福建中锐网络股份有限公司院士工作站
10	市级	福建省船舶工业集团有限公司院士工作站
11	市级	福建三鑫隆信息技术开发股份有限公司院士工作站
12	市级	福建星海通信科技有限公司院士工作站
13	市级	福建福光数码科技有限公司院士工作站
14	市级	福建省长乐市长源纺织有限公司院士工作站

【企业科技创新】 **恒申控股集团有限公司** 该公司拥有世界先进的己内酰胺生产技术、424项国家知识产权专利，制修订3项国家标准、16项化纤行业标准，并参与承担国家“十二五”“十三五”重点建设科技项目，被评为国家级高新技术企业、国家差别化锦纶6产品开发基地以及福建省级企业技术中心。子公司申远新材料已建成全球最大的己内酰胺生产基地，并向上下游产业延伸，实现锦纶6八道产业链在园区的完整布局。利用恒申合纤科技产业园内资源集约共享的优势，针对国内部分工业产品“卡脖子”问题，引进电子特气、湿电子化学品、锂电池电解液添加剂等国家支持和鼓励的高端精细化学品新材料项目入园，打造全国高端精细化工和新材料产业基地。

福建坤彩材料科技股份有限公司 该公司是中国珠光材料行业唯一主板上市公司，是国内规模最大、全球规模第二的珠光材料生产企业，2023年全球和国内的市场占有率分别约16%和32%。企业历经13年艰苦攻关，耗资30多亿元，研发出全球首创萃取法氯化钛白工艺，颠覆钛白粉行业100多年的工艺路线，获得首套工艺技术认证和10多项国内外发明专利，突破国外对高端氯化法钛白粉技术的封锁和垄断，为钛白产业高质量、绿色环保、可持续发展作出贡献。

（福州新区产业促进局）

数智融合

【概况】 福州新区数智融合智慧城市新型基础设施建设项目于2023年11月正式启动建设，涵盖实体建设、管理融合与技术融合。实体中心面积约3000平方米，集指挥、会商、办公等功能于一体。在管理上，福州新区与长乐区共建共享，统一办公，提升协同效率。在技术上，构建“1+1+N”架构（强化1个数字基座，打造1个指挥运营中心，构建N个创新应用）。该项目建设旨在通过强化数字基础，融合福州新区和长乐区已建应用、规划未建应用，实现两区统筹管理，避免重复建设，全面感知城市运行态势，提升治理与应急响应能力，推动经济社会高质量发展，为区域数字化转型树立标杆。

【福州新区智慧城市管理平台（新区智脑 1.0）】 2022 年 12 月，福州新区智慧城市管理平台启动建设，预算总投资约 3280 万元，建设范围覆盖福州新区 86 平方千米的核心区。项目核心为数字底座、智能中枢与智慧运营中心三大基石，以及智慧城市治理、智慧生态绿城、智慧民生服务三大应用体系。2023 年，接入建设工程审批数据、监控视频、水务及市政设施监测点等关键数据。年内，在第十六届智慧城市大会上获得 2023 年智慧城市先锋榜优秀案例一等奖，并入选为国家重点研发计划“城市信息模型（CIM）平台关键技术研究与示范”应用示范项目。

【“区块链 +”公证平台】 “区块链 +”公证平台于 2020 年 12 月 30 日正式启动建设，至 2023 年 12 月已注册登记用户 11551 人，“e 福州”App 注册用户 10383 人，申请核验数量 20910 条，上链区块链电子公证书 8027 个。平台基于大数据、区块链等技术，开放在线申请、线上核验、公证书上链、信息溯源、实时监控、统计分析六大功能，实现一站式、流程化公证办理，打破民政、卫计等部门的数据“孤岛”，公证员可以在平台上进行出生公证、婚姻状况公证和城市房屋所有权委托书公证等公证书核实，代替纸质文件线下核实，线上受理核实后即可当场出证，办理公证时限由 4 ～ 7 天缩短至 1 天，提升公证业务办证效率。

【智慧水利系统（一期）项目】 智慧水利系统（一期）项目于 2021 年 11 月启动建设，建设范围覆盖长乐区 18 个乡镇（街道）257 条（片）河道（湖）。项目以河湖治理为切入点，旨在构建智慧水利大脑及智慧应用平台，提升河湖管理一体化协同能力，实现科学防洪防汛、控污治水的“智”水模式。建设内容包括智慧水利大脑、智慧河湖系统、领导驾驶舱系统、水灾害防御系统、“掌上水利”App 等。项目构建超 200 平方千米电子沙盘，整合遥感、水雨情等多源数据，实现河湖事务动态可视化；运用数字孪生技术，结合卫星遥感、无人船及 AI 监控，打

◀ 智慧水利系统搭载无人机巡航系统，实现空中巡河（2023 年）（洞江流域）（长乐区水利局 供图）

造“水陆空”立体巡查网络，确保全方位覆盖；促进智能视频监控与“河道专管员”App 协同作业，自动识别并上报问题，加速事件响应与处理，显著提升巡河效率与管理水平。

（福州新区党政办公室）

招商机制创新

【概况】 2023 年，福州新区将 680 平方千米核心区域划分为两大类 9 个片区，精准定位每个片区的属性功能及发展方向，提升招商工作针对性和实效性。同时，探索众创孵化模式、产业链招商模式、政府引导资金模式等新的招商渠道：主动利用互联网、大数据等现代信息技术手段，开展线上招商活动，扩大招商的覆盖面和影响力；持续加强与国内外知名产业园区、科研机构、高等院校等的合作，引进更多的优质项目和人才，为产业发展注入新的活力。2023 年 1 月，福州新区与福州招商集团开展招商合作，成立全市第一家市属国企驻点福州新区子公司，专项开展招商引资、招商推介等工作。

【片区招商】 2023 年，福州新区以九大片区为依托，围绕“铸链条、强生态、优机制”总要求，以“引项目、引功能、引人才、引资金、引信息、引物流”为抓手，优化完善城市与产业生态。产业片区包括数字经济产业片区、临空经济产业片区、临港经济产业片区、国际医疗健康产业片区、滨江滨海文旅产业片区；功能片区包括中央活力区功能片区、教育功能片区、长乐城市更新功能片区、金梅潭综合配套功能片区。9个片区围绕新区主导产业，按照产业链链长制，构建“一个片区、一个产业、一套班子、一个主体、一套政策、一个银团、一个基金”的“七个一”产业发展机制，确保每个片区有明确发展方向、管理团队、政策支持和资金保障。9个片区各设指挥部，按照“指挥部+国企+基金+银团”架构，发挥国企平台优势，通过政府、企业和金融机构的协同作战，提高片区内规划、征迁、招商、建设、管理等工作效率和质量。全年引进30亿元以上重大产业链项目3个，重点招商项目8个，对接洽谈项目线索超200条，以新一代信息技术、物流与供应链平台经济、生物医药、新材料新能源产业为主；落地百度智能汽车产业创新基地、光隆商务用车（新能源）零部件制造基地等一批重大项目。

【基金招商】 2020年11月，福州新区牵头福州市金控集团、新区集团、长乐区创投公司等国企，成立新区产业发展基金等多支多元化产业基金，运用中金资本等金融机构的产业资源优势招商引投，引入福建省大数据集团丰富的产业生态资源，聚焦生物医药、光电显示、半导体、数字经济、智能汽车、新能源、新材料等产业。推广“基金管理人推荐项目+民间私募基金参与+政府提供土地政策等要素保障”的基金招商模式。福州新区产业发展基金初期基金注册资本10亿元，2023年底增至30亿元。截至2023年底，福州新区成立11只基金，包括5只专项基金和6只盲池基金。

【产业链招商】 2023年，福州新区围绕新区落地产业链主企业，推动落实产业链链长制，由新区委领导任链长，强化项目履约管理，落实项目用地全生命周期管理，谋划战略性新兴产业，推进天睿半导体、白茶产业园、纽瑞特放射性药物研发生产基地等制造业大项目落地，延伸产业链条，增强产业链韧性。采取“产业园+定制”的发展模式，针对恒美光电和福米科技的市场定位，导入符合园区发展定位的上下游企业，以园聚链、以链集群。据测算，2023 年，福米产业园将各条产业链串联起来，通过共享物流网络和产业平台，上下游产品就地消化，利润率增长超 5%。

（福州新区产业促进局）

融资创新

【专项债发行】 2023 年，福州新区把握国家政策窗口期、机遇期，发挥项目谋划专班和投融资专班作用，用好专项债和政策性金融工具。创新项目包装设计方式，谋划一批优质重大项目，向上争取专项债资金，解决重点项目建设资金需求。年内共申报专项债券项目 32 个（资金需求 77.51 亿元），获批发行项目 23 个，发行金额 52.07 亿元，比上年 16.63 亿元发行额增长 116.9%。完善重大项目投融资机制，支持交通基础设施、城中村改造和新型基础设施等重点领域项目建设。支持符合条件的重大民生项目申请专项债券作为资本金，重点保障地铁 6 号线东调段、F1 快线、安置房、产业园、滨海新城综合医院等项目建设。

【存量资产盘活】 2023 年，福州新区挖掘新区城市运营公司潜力，通过出售资产、抵押贷款、保债融资等方式，获得资金 11.34 亿元。挖掘福州新区路面、景区及其他公共区域车辆停放运营潜力，以公开出让方式向社会资本有偿转让新区范围内 6010 个公共停车位的 20 年特许经营权，实现资金收入 2.4 亿元。强化 CBD 地下空间输配环项目资金保障，牵头与金茂公司反复协商，帮助企业盘活资产 5 亿元，所得资金投入输配环建设，保障 F1 快线、地铁 6 号线等重大线性工程按进度实施。推进福州新区城市运营有限公司受让福州新区集团新投汇贤雅居项目未售商品房 1.2 亿元，支持新区集团将所得资金继续投入新区建设，形成城市开发良性循环。

【闽港金融合作】 2023 年，福州新区通过组织闽港金融合作会议、举办“企业家资本之路——香港上市”活动等方式，宣传闽企赴港上市政策，推动企业赴港上市。调研优你康、智旦科技等 24 家意向赴港上市的本地企业，对接企业资金需求，倾听问题、排查堵点。围绕赴港上市、赴港发债、闽港基金合作及碳交易合作等重点议题制定工作方案。2023 年 11 月 9 日，喜相逢集团在香港交易所上市，成为 2023 年首家赴港公开募股的福建企业。推动减排碳汇产品（VCS 标准）“小步快走、逐步落地”，先在港试行现有成熟产品，后续逐步挖掘拓展平台间互动等合作内容，力求推动福建省碳交易方法学、标准在港落地。

（福州新区财政金融局）

绿色建造

【概况】 2020 年，福州新区在全省率先开展新版《福建省装配式建筑评价管理办法（试行）》应用工作，推动新建建筑全面实施绿色设计，推广装配式建造方式、绿色建材应用、建筑全装修模式，以减少对资源的消耗及对环境的负面影响，实现可持续发展。至 2023 年底，累计完成装配式建筑设计阶段预评价项目 75 个，建设规模达 750.9 万平方米。2023 年，福州新区滨海新城竣工绿色（民用）建筑面积 208.8 万平方米，占总竣工（民用）建筑面积 100%；绿色建材应用比例 81.1%。其中，滨海新城租赁房三期项目采用建筑户型模块化标准化、设备管线与厨房浴室集成设计及精装修工艺，单体装配率 76%。

【立体绿化】 2022 年，福州新区以天津大学福州国际校区学术交流中心为载体，探索立体绿化技术，打造立体绿化样板，为推广和构建新型高性能绿色建筑和绿色生态园区体系积累经验。绿化过程中，以“叠园”为设计理念，选取抗风、耐盐碱、维护频率低的乔木、灌木、地被、攀爬、垂悬等植物 42 种，大规模试点立体绿化种植工艺，同步开展养护

▲ 2023 年 11 月，天津大学福州国际校区学术交流中心立体绿化项目完工　　（福州新区生态环境和城市建设管理局 供图）

系统、树种选择、生长环境研究等专项技术研究。至 2023 年 11 月，项目完工，完成立体绿化面积约 3695 平方米。

【建筑资源回收利用】　福州新区创新发展资源综合利用产业，推行泥浆无害化处置，2023 年以来处置泥浆 15.75 万立方米，脱洗出来的中间产品 100% 得到循环利用。打造建筑资源回收再利用产业链，采用欧洲预处理设备和美国免烧砖压制设备，回收处理工程垃圾，生成市政透水砖等建筑使用产品，铺装于福州新区市政道路。

（福州新区生态环境和城市建设管理局）

经济管理

经济管理

综 述

【概况】 2023年，福州新区制定完善经济政策，促进项目落地，推进项目建设，主要经济指标均保持平稳增长，且增长态势良好。全年实现地区生产总值3127.20亿元，比上年增长6.3%。产业结构不断优化，三次产业结构比4.9∶49.8∶45.3。

【政策制定】 2023年，福州新区制定出台《关于落实新时代民营经济强省战略推进高质量发展的若干举措》《福州新区核心区重点项目推进管理办法（试行）》等政策文件，力促新区民营经济发展壮大、推动新区重点项目建设，促进新区高质量发展。

【重大项目管理】 2023年，福州新区安排省重点项目84个，总投资2374亿元，年计划投资409.5亿元，完成投资472.5亿元，占年计划投资的115.4%。安排市重点项目467个，总投资7373亿元，年计划投资1233亿元，完成投资1373.04亿元，占年计划投资的111.36%。福州新区核心区重点项目390个，总投资5062亿元，全年完成投资681亿元。

年内，福州新区申报地方政府专项债券项目2批次、38个项目，获得资金额度99.26亿元。3月，福州新区研究出台《福州新区党工委 福州新区管委会关于建立福州新区核心区重点项目谋划工作机制的通知》，全年累计谋划生成重点项目 75 个，总投资 491 亿元。8 月，福州新区研究出台《福州新区核心区重点项目推进管理办法（试行）》，构建新区核心区重点项目“周汇总、月协调、季开工”工作格局。全年，摸排新区核心区存在问题重点项目 98 个，协调率 100%，提级管理榕发 • 瀚棠、东湖公园二期等新区核心区长期停工、滞后的问题项目 16 个，推动福州达华卫星互联网产业园、东湖尚筑、CBD 核心区输配环区域工程地下空间等项目复工建设，并对新区核心区 213 个前期及计划新开工重点项目实行挂牌管理、精准推进，并推动新区核心区 4 批次 81 个重点项目开工，总投资 488 亿元。

（福州新区经济发展局）

财政金融

【资金规范管理】　2023 年 7 月 4 日，福州新区公布《福州新区管委会政府采购管理办法》，11 月 13 日，公布《福州新区管委会财政资金使用审批管理暂行规定》，进一步规范资金审批使用管理及政府采购管理机制，提高财政资金使用效率。福州新区财政金融局强化与省财政厅、市财政局及长乐区财政局协调交流，建立与长乐区财政局会商机制，加强福州新区与省市财政部门之间资金管理联系渠道，规范经费运行。

【项目前期跟踪服务】　2023 年，福州新区开展政府性投资送审项目初审工作，做好项目前期跟踪服务。根据项目立项需要，年内出具项目资金证明函 42 件，完成项目变更备案、审批 20 份，审核市政及公建项目款项 224 笔，累计拨付项目建设资金 16.70 亿元。

【国有资产管理】　2023 年，福州新区理顺福州新区开发投资集团有限公司出资人职责，完善新区国有资产管理机制。年内完成企业资产评估项目核准备案项目 9 个，金额 10 亿元；完成对新区集团发行债券批复工作，指导新区集团按规定上缴上年度国有资本经营预算利润 6488.75 万元；明确国有资产评估专家库范围及专家费用支付标准。

（福州新区财政金融局）

行政审批

【福州新区政务服务中心装修工程竣工】 2023 年 6 月，福州新区政务服务中心装修工程竣工，建筑面积约 1.04 万平方米。其中，一层设置服务窗口 35 个，二层设置服务窗口 49 个，三层为新区政务服务中心管委会及其他入驻部门办公室，四层为公共资源交易中心办公室及业务用房，可容纳工作人员约 200 人。

【“一件事打包办”窗口】 福州新区会同长乐区政务服务中心，将涉及同一主题的政务服务事项配置为“打包办”事项，由“一件事打包办”窗口统一提供证照套餐联办服务，让群众“跑一个窗、提交一套材料、办成一件事”。截至 2023 年底，该窗口为群众办理“打包办”事项 998 件。

（福州新区行政审批局）

综合交通

综合交通

综 述

福州新区位于福州东南沿海、福州都市圈中心位置，地处粤闽浙城镇群中部，与台湾隔海相望，是福州市面向海内外交流联系的重要窗口和对台交流的桥头堡，区位独特，综合交通优势明显。

公路方面，规划“五纵八横”高快速道路网络，打造便捷通畅交通体系。“五纵”分别是沈海高速、猴玉快速路、绕城高速－长福高速、泽竹快速路和文松路—元洪至松下快速通道；“八横”分别是机场第二高速、机场高速、滨海新城高速（道庆路）、东南快速路、青江快速路、京台高速、福清高速东延线和清繁快速路。至2023年底，福州新区启动区内，公路在建项目3个，总长28.86千米；已建项目2个，总长13.2千米。

铁路及城市轨道交通方面，在建项目有F1滨海快线（福州火车站至长乐机场）、城际铁路F2线（莆田至长乐机场）、F3线（宁德至长乐机场）、福州地铁6号线、地铁6号线东调段等。

港口方面，福州新区内拥有松下、江阴、闽江口内港区三大港区，现有生产性泊位89个，其中万吨级以上泊位49个，在建泊位13个。2023年，新区港口总吞吐量17764.68万吨，其中，集装箱吞吐量4359.22万吨（329.86万标箱），散杂货吞吐量13405.46万吨。

公路

【概况】　福州新区范围内现有高速公路 3 条，分别为机场第二高速（马尾区亭江镇—长乐机场）、绕城高速（经闽侯县、晋安区、连江县、马尾区、长乐区，闭环形成环线，又称四环路）、长平高速（长乐区古槐镇前塘村—海坛海峡长乐岸）。

【国道 316 线长乐漳港至营前段】　国道 316 线项目起于文武砂街道东岱村，至洞头村与道庆洲大桥长乐侧终点顺接。项目路线全长 21.74 千米，其中漳港至文武砂段 6.16 千米利用原省道 201 线（双向八车道），文武砂至营前段 15.58 千米为新建，采用主辅路相结合的形式，投资概算 101.57 亿元，其中主路部分 55.42 亿元、辅路部分 46.15 亿元。项目由福州左海建设投资有限公司负责建设。2023 年 12 月 29 日，主线建成通车。

▶ 2023 年 12 月 29 日，董奉山隧道建成通车　（福州新区党群工作部 供图）

◀ 国道 228 线长乐松下至福清元洪公路工程施工进程（2023 年）（福州新区生态环境与城市建设管理局 供图）

【国道 228 线鹏程至仙岐段（仙鹏路）】 项目起点位于鹏程路，止于仙滨路，修建长度 3.03 千米，总投资 4.36 亿元，建安合同价约 2.0 亿元。由福州新区开发投资集团有限公司负责建设。2023 年，进行管道和路基施工，完成投资 1.06 亿元。至 2023 年底，约完成 50% 工程量。

【国道 228 线长乐松下至福清元洪公路工程】 项目起于国道 228 线与长乐松下疏港路交叉口附近，沿现有国道 228 线位由北往南行进，经过松下街交叉口时采用高架形式上跨现有国道 228 线，并按调整后的国道 228 线规划线位前进，终点位于福清市洪嘉大道与现有国道 228 线交叉口附近，全长约 11.73 千米（福清境内 3.39 千米、长乐境内 8.34 千米）。主线为双向六车道一级公路兼城市道路功能，两侧设置辅道。全线新建高架桥 4 座，新增下穿通道 1 条，新建人行过街天桥 4 座，拓宽改造松下连接线约 320 米。项目总投资 9.64 亿元（福清市 2.99 亿元，长乐区 6.65 亿元），其中建安费 7.2 亿元。

项目由福州左海建设投资有限公司建设，2023年实施一期工程。一期工程起于国道228线港西村，新建港西特大桥上跨现有国道228线松下街段，终点位于洪嘉大道与港前大道交叉口附近，全长约2.12千米。一期工程建安费1.96亿元，采取EPC（工程总承包）模式建设。至2023年底完成投资1.2亿元，其中路基工程完成53.31%，管网工程完成41.62%，桥梁工程完成81.06%，剩余路面及其他附属设施计划于2024年完成建设。

【福州机场第二高速】 福州机场第二高速公路项目起于马尾亭江镇，终于长乐福港路，路线全长24.3千米，主线采用双向六车道高速公路标准建设，设计时速100千米，路基宽度33.5米；潭头镇至路线终点

▲ 2020年12月28日，国道228线长乐外文武围垦堤至下沙段路堤结合工程建成通车 （福州新区党群工作部 供图）

段设置辅路，采用双向四车道二级公路兼市政功能标准，全长 11.9 千米，设计时速 40 千米。主线共设置隧道 3 座（其中特长隧道 1 座，3146.5 米）、桥梁 12 座（其中主跨 716 米斜拉桥 1 座），桥隧比 91.4%。项目概算总投资 97.63 亿元，施工总工期 42 个月。项目由福州机场复线高速公路有限公司负责建设，采用“基金 +”建设模式和代建监理一体化建设管理模式。

至 2023 年底，项目提交施工用地约 60.2 公顷，约占总建设用地面积 153.2 公顷的 39%。年内开展桥梁桩基、互通桩基及下部结构、隧道开挖、工程软基处理、辅路工程管道、预制箱梁等相关工作。

【滨海高速一期工程】 项目起点与绕城高速公路连接，与地铁 6 号线共走廊，终点与文松路连接，设置文松收费站，全长 8.65 千米。市政部分按照市政公用项目单独立项，纳入高速公路一并招标、同步建设。估算总投资约 42 亿元，其中高速部分约 29 亿元，市政部分约 13 亿元。项目由福州榕城港务发展有限公司负责建设，分为 2 个标段。A1 标段控制性工程鹤上北山互通桥梁桩基于 2022 年 9 月 30 日动建。截至 2023 年底，完成桥梁桩基 20 根，占 H 匝道桥梁 70 根桩基的 28.6%；A2 标段完成“三集中”场地建设。

铁路

【概况】 2023 年，福州新区范围内近期规划城际铁路 F2 线、F3 线，串联福厦高铁、温福高铁，新区范围内设文岭站、长乐机场站、福州新区站、罗联站，由福州新区站设置支线接入福平铁路长乐东站；中远期规划福龙高铁、昌福高铁接入福州新区站。规划预留城际铁路联系福厦铁路福清站与长乐东站。

加快建设疏港铁路，提升港口综合集疏运水平。近期规划松下港铁路支线接入福平铁路长乐南站，实现海铁联运。中远期由福平铁路长乐南站另辟货运专用线，向北经罗联北站与规划福州货运铁路专用线衔接，实现松下港铁路支线专线专用，与福平铁路实现客货分离；规划松下港铁路支线向元洪投资区延伸，进一步强化海铁联运。

【城际铁路 F2、F3 线】 莆田至长乐机场城际铁路（F2 线）及宁德至长乐机场城际铁路（F3 线）项目线路自温福铁路连江站引出，跨闽江经琅岐岛进入长乐机场站，于莲花山东侧设福州新区站，上跨福平铁路，穿越长乐国家森林公园后设罗联站，引入在建福厦高铁福清西站，新建福厦铁路联络线接入既有福清站。F2、F3 项目福州段路线正线长 86.7 千米，总投资约 56 亿元。项目由福州左海高铁有限公司负责建设。

2023 年 10 月 30 日，项目建设规划获得国家发展改革委批复。12 月 15 日，工程可行性报告通过审查，各有关专题同步开展。

城市轨道交通

【概况】 福州新区城市轨道交通线网逐步完善。2023 年，已建成地铁 6 号线一期，在建滨海 F1 快线、地铁 6 号线东调段。近期规划建设城际铁路 F2、F3 线，远期规划建设地铁 11 号线、13 号线、市域快线 S3 线，远景线为地铁 12 号线。

【福州至长乐机场城际铁路工程（F1 滨海快线）】 福州至长乐机场城际铁路工程是国家发展改革委批复《福建省海峡西岸城际铁路建设规划（2015—2020 年）》的一条重要城际铁路。线路起于福州火车站，经福州主城、闽侯青口、长乐首占、福州新区启动区、福州长乐机场，终至福州临空经济区。该线是连接福州主城及福州新区的快速轨道，同时串联福州火车站、长乐站、福州新区交通核心以及长乐国际机场等重大交通枢纽，实现福州主城与福州新区启动区 30 分钟通达目标，是福州市“东进南下，沿江向海”发展、拉开城市框架的重点项目。F1 滨海快线总长约 62.4 千米，近期设站 13 座，预留 2 座车站（盖山站、莲花山站），最大站间距 9.96 千米，为祥谦至首占区间，最小站间距 1.27 千米，为闽都至南公园站区间。初、近期平均站间距为 5.62 千米，远期平均站间距为 4.41 千米，全线设置一段一场，主变电站 3 座，新建控制中心一座，设计时速 140 千米，采用市域 A 型车，初期 4 节编组，近、远期按照客流增长变化逐步过渡至 6 辆编组。2019 年 12 月 27 日，福州至长乐机场城际铁路工程开工建设。至 2023 年底，完成投资 208.68 亿元，占总投资的 54%；全线 15 个站，主体结构全部完成；全线 18 个区间（隧道）有 13 个区间双线贯通，2 个区间右线贯通；8 座高架桥梁全部完成主体结构施工；铺轨工程完成 30%，装修完成 26%。

【地铁 6 号线】 福州地铁 6 号线一期工程是国家发展改革委批复的《福州市城市轨道交通第二期建设规划（2015—2021 年）》中“城市快轨”，也是“网格放射型”线网中一条重要的放射线，是连接中心城区和长乐区的重要线路。其走向顺应福州市“东进南下，沿江向海”发展战略要求，是连接三江口和滨海新城等组团的重要对外交通枢纽；《福州市城市轨道交通第二期建设规划调整（2015—2024 年）》调整后福州地铁 6 号线线路起于仓山区南台岛潘墩站，终于万寿站，主要线路走向沿潘墩—福泉高速—东部新城—道庆洲大桥—203 省道—海峡路—郑和路—东鹤路—道庆路，总长 31.267 千米，其中高架线长 6.693 千米、过渡段长 0.758 千米、地下线长 23.816 千米。共设 16 座车站，其中高架站 1 座、地下站 15 座，平均站间距 2.05 千米。初期采用 4 辆编组 B 型车，土建预留 6 辆编组条件，最高运行时速 100 千米。福州地铁 6 号线于 2016 年 12 月底开工，2022 年 8 月，开通初期运营。

【地铁 6 号线东调段】 福州地铁 6 号线东调段工程是国家发改委批复的《福州市城市轨道交通第二期建设规划调整（2015—2024 年）》中一条重要线路。福州轨道交通 6 号线东调段起点位于万寿站，终于福州新区国际双语学校，主要线路走向沿道庆路—漳江路—国际学校站，线路全长 5.557 千米，采用地下线敷设方式，设车站 5 座（含换乘站 3 座），平均站间距 1.12 千米。最大站间距为 1.77 千米，最小站间距为 0.67 千米，车辆制式和编组同地铁 6 号线先期工程。2022 年 3 月底，福州地铁 6 号线东调段工程开工。2023 年底，全线 5 座车站主体均封顶，1 个区间洞通、两个区间正在掘进。

港口

【概况】 福州新区内拥有松下港区、江阴港区、闽江口内港区三大港区。2023 年，有生产性泊位 89 个（其中万吨级以上泊位 49 个），在建泊位 13 个。新区港口总吞吐量 17764.68 万吨，其中集装箱吞吐量 4359.22 万吨（329.86 万标箱），散杂货吞吐量 13405.46 万吨。

【松下港区】 松下港区主要服务临港工业发展，以粮食、散杂货等运输为主。有元洪、山前和牛头湾 3 个作业区。截至 2023 年，有生产性泊位 10 个，其中万吨级以上泊位 9 个。在建泊位 4 个，分别是牛头湾作业区 4 号泊位、山前作业区 17 号泊位、元洪作业区 1 号和 2 号泊位。全年，松下港区散杂货吞吐量 4234.63 万吨。

【江阴港区】 江阴港区是以集装箱运输为重点，兼顾汽车滚装、散杂货及液体化工品等货类运输的综合性港区。有壁头、万安两个作业区和下垄作业点。截至 2023 年，有生产性泊位 21 个，其中万吨级以上泊位 13 个。在建泊位 5 个，分别是壁头作业区 7—9 号、12-3 号和 12-4 号泊位。全年，江阴港区集装箱吞吐量 3050.27 万吨（228.68 万标箱），散杂货吞吐量 1235.12 万吨。

【闽江口内港区】 闽江口内港区以发展对台客运为主，兼顾能源、集装箱等货运功能。有青洲、筹东、洋屿、松门、象屿、长安、小长门、琅岐、粗芦岛 9 个作业区和黄岐作业点。截至 2023 年，有生产性泊位 58 个，

▲ 元洪码头（2023年）（林双伟 摄）

其中万吨级以上泊位27个。在建泊位4个，分别是洋屿作业区5-6号泊位、小长门作业区琯头对台贸易码头和琅岐作业区闽江马尾对台综合客运码头1号泊位。全年，闽江口内港区集装箱吞吐量1308.94万吨（101.18万标箱），散杂货吞吐量7935.71万吨。

（福州新区生态环境与城市建设管理局、福州新区自然资源与规划局、福州新区经济发展局）

城市建设与管理

城市建设与管理

城市规划

【概况】 福州新区初期规划范围包括马尾区、仓山区、长乐区、福清市部分区域，规划面积800平方千米。滨海新城作为福州新区核心区，包括长乐区全域和元洪投资区，面积680平方千米。

按照国际标准、滨海特色要求，福州新区核心区建立由一张集成统一的国土空间规划蓝图，N个（截至2023年底共69个）各类专项规划支撑组成的“1+N”规划体系，覆盖城市风貌、生态环境、基础设施、公共服务以及规划管理等方面，发挥规划引领作用，确保各项规划有机衔接，维护规划刚性，指导开发建设。截至2023年底，已编制各类专项规划69个，其中《福州滨海新城森林城市建设总体规划》《福州滨海新城核心区城市设计与控制性详细规划》《福州新区核心区概念规划》等10个规划编制项目获全国、省级城市规划设计奖。

福州新区相关专项规划一览表

（截至2023年底）

表8

序号	专项规划名称
总规类（4项）	
1	福州市空间发展战略规划
2	福州新区总体规划
3	福州新区核心区概念规划

续表 8

序号	专项规划名称
4	长乐区国土空间规划（分区层面）
分区类（5 项）	
5	福州新区滨海新城临空经济区分区规划
6	福州（长乐）国际航空城概念规划
7	福建职教城分区规划
8	福州新区核心区滨江滨海文旅带总体规划
9	福州新区核心区临港产业片区概念规划
城市设计类（7 项）	
10	福州滨海新城核心区城市设计
11	中国东南大数据产业园城市设计
12	福州滨海新城下沙片区城市设计
13	福州滨海新城职教产业园城市设计
14	福州临空经济区城市设计
15	福州海滨旅游区规划
16	中印尼“两国双园”城市设计
专项类（42 项）	
17	福州滨海新城森林城市建设总体规划
18	福州滨海新城防潮防洪排涝规划
19	福州新区核心区综合交通规划
20	福州滨海新城骨架交通研究及总体交通设计
21	福州滨海新城核心区竖向工程专项规划
22	福州滨海新城核心区海绵城市专项规划
23	福州滨海新城核心区地下空间专项规划
24	福州滨海新城核心区抗震防灾专项规划
25	福州滨海新城核心区雨水工程专项规划
26	福州滨海新城核心区污水工程专项规划
27	福州滨海新城核心区给水工程专项规划
28	福州滨海新城核心区地下管线及地下管廊综合规划
29	福州滨海新城核心区燃气工程专项规划
30	福州滨海新城核心区电力工程专项规划

续表 8

序号	专项规划名称
专项类（42 项）	
31	福州滨海新城核心区消防专项规划
32	福州滨海新城核心区人防专项规划
33	福州滨海新城核心区通信工程专项规划
34	福州滨海新城核心区环境卫生专项规划
35	福州滨海新城核心区智慧城市专项规划
36	福州滨海新城启动区住房专项规划
37	福州长乐历史文化挖掘与传承专项规划
38	福州滨海新城慢行系统建设研究
39	福州滨海新城风貌控制导则
40	福州滨海新城核心区文化设施布局专项规划
41	福州滨海新城核心区教育设施布局专项规划
42	福州滨海新城核心区医疗卫生设施布局专项规划
43	福州滨海新城核心区养老服务设施布局专项规划
44	福州滨海新城水上旅游专项规划
45	福州滨海新城核心区充电基础设施专项规划
46	福州滨海新城防台风建设技术导则
47	滨海新城邮轮旅游发展实验区专项规划（第一阶段）
48	滨海新城邮轮旅游发展实验区专项规划（第二阶段）
49	福州滨海新城台风及影响情况研究
50	福州滨海新城核心区树种专项规划
51	福州滨海新城健康韧性城市专项规划
52	福州滨海新城人口发展规模专题研究
53	福州滨海新城商业用地布局与管理专项规划
54	福州滨海新城与平潭综合实验区联动发展规划
55	2019—2020 年度实施计划
56	福州滨海新城“335”建设行动计划
57	福州滨海新城旅游总体规划
58	福州滨海新城道路命名专项规划

续表 8

序号	专项规划名称
控规类（11 项）	
59	中国东南大数据产业园控制性详细规划
60	福州滨海新城核心区（CBD）控制性详细规划
61	福州滨海新城下沙片区控制性详细规划
62	福州滨海新城核心区北部组团控制性详细规划
63	福州滨海新城核心区东站组团控制性详细规划
64	福州滨海新城核心区莲花山组团控制性详细规划
65	福州滨海新城核心区 CBD 南岸组团控制性详细规划
66	福州滨海新城临空经济区东北组团控规
67	福州滨海新城临空经济区中部组团控规
68	福州滨海新城临空经济区西部组团控规
69	福州滨海新城临空经济区南部组团控规

【《福州滨海新城森林城市建设总体规划》编制】 2017 年 2 月，福州新区滨海新城启动建设，生态本底调查同步展开。国家林业局城市森林研究中心、自然资源部海岛中心、福建农林大学等研究机构详细调研森林生态资源、湿地的生态多样性、沿海沙滩现状等，编制《福州滨海新城森林城市建设总体规划》。福州新区滨海新城是全国首个把城市总体规划定位为“森林城市”的新城。

根据规划，滨海新城未来森林覆盖率、绿地率将分别达 37% 以上和 45% 以上，形成“一核、两带、多廊、多园”为骨架的森林城市建设格局（“一核”即东湖湿地，“两带”即西部山地森林带和东部滨海森林景观防护带，“多廊”即水系森林廊道和道路森林廊道，“多园”即遍布全城的串珠式公园体系）。到 2030 年，全面实现国家森林城市建设总体目标。

【《福州滨海新城健康韧性城市专项规划》编制】 2020 年 10 月，在已编制完成的抗震、防洪、消防、人防等专项规划基础上，福州新区编制《福州滨海新城健康韧性城市专项规划》，2022 年 8 月 30 日该规划通过专家评审。规划梳理分析福州新区启动区未来所面临的巨灾风险，对标国内外健康城市、韧性城市发展要求，以形成自适应、可恢复的社会环境为核心内容，构建绿色、健康、安全的城市空间，打造国内先进的“健康韧性”城市建设体系，统筹考虑应急保障基础设施的空间布局、规模数量和功能兼容性，增强新区国土空间安全韧性，构建人与自然和谐共生的城市安全格局。

（福州新区自然资源与规划局）

市政建设

【供水】 2023年，福州新区完成长乐东区水厂水质提升工程、国道228线（漳湖路空港泵站至湖滨路）DN800给水管道改造工程建设；推进福北线给水管道改造及原水管道新建工程，敷设给水管道4588米、原水管道5048米；推进福州新区滨海水厂及配套管网工程前期工作，以彻底解决江田、松下片区用水难问题。福州新区启动区全年总供水量3254万吨，比上年增长4.1%。

【供电】 2023年，福州新区启动区阜山220千伏变电站110千伏送出工程新建110千伏线路19.74千米（电缆长度19.66千米，架空长度0.08千米），优化福州新区临空片区110千伏电网网架结构，提高供电可靠性。新敷设10千伏电力电缆18.87千米，新建电力环网柜35台、电力变压器18台。加强电力运维管理，开展电力线路巡视，完成第六届数字中国建设峰会等各类市政重大活动保供电任务。

【供气】 2023年，福州新区启动区供应天然气0.18亿立方米，新建市政燃气管网9.34千米，燃气管网累计总长95.21千米，管道燃气用户点火数增至0.37万户。防范治理燃气管道安全隐患，运用巡检系统加强信息化管理，并与第三方签订《地下燃气管道施工保护方案》，每日跟踪巡视，防范第三方施工损坏地下燃气管道事故发生和新的圈围占压燃气管道隐患点产生，排查、整治、消除燃气管网安全隐患。

【排污】 2023 年，福州新区建成并投用东湖污水提升泵站、天津大学福州国际联合学院片区 3.7 千米污水进站支管，基本建成空港污水处理厂厂区，持续推进尾水管及污水主干管工程前期工作；开展 191.1 千米污水管网、4687 个污水井和 17 座污水提升泵站等排水设施的巡查、日常维护、管网抢修及应急排水保障工作。强化福州新区排水设施的精细化、网格化、信息化管理，完成福州新区滨海新城排水管网在线监测设备一期项目建设，在核心区布设 174 台电导率仪，实现滨海新城核心区雨水“源—网—河”监控，在污水主干管沿线布设 6 台水质监测柜，实现污水“网—厂”监控。配备水质检测车与采样船，实现快速水质检测，通过“车船联动”，实现精准溯源。

【市政道路建设】 2023 年，福州新区启动区新开工建设酒店路、道庆路、东湖路、北塘路、立德路等市政道路 5 条；10 个道路项目建成通车，总长约 17.21 千米；按序时建设环湖路二标、治屿路、文鹤中路等 27 个项目，总长约 54.43 千米。截至 2023 年底，福州新区启动区范围内共建成市政道路 109 条，总长 100 千米。

【智能网联新型基础设施建设】 2023 年，福州新区启动建设智能网联新型基础设施，完成建设智能网联路口 100 个，覆盖道路里程双向 92 千米。

【内河水系】 2018 年，福州新区开展内河水系生态治理，增设两岸步道和绿地，打造人水和谐宜居宜业海绵城市，确保城市排涝安全，改善内河水网水生态环境质量，提升城市品质和城市韧性。至 2023 年底，福州新区启动区建成与在建内河水系治理项目 12 个，总长 23.48 千米。其中，已建项目 6 个，分别是湖东河、漳江支河、万沙河、漳江河一期、漳江河二期和滨海快线大鹤车辆段西侧排洪渠（鹏程河），总长 12.55

▲ 生态治理后的万沙河水系（2023 年）
（福州新区生态环境与城市建设管理局 供图）

千米；在建项目6个，分别是文漳河、南洋西河一期、南洋一河一期、万沙河二期、文鹤河和闽鹏河一期，总长10.93千米。新田水库、石门水库、三溪水库分洪隧洞、南洋五河、南洋七河、南洋东河（“两库一洞三河”）以及壶井西河、大鹤河、石壁河、石壁支河、十八孔闸重建工程等一批水系治理工程前期工作有序推进。

【征迁安置】 2023年，滨海新城征迁安置指挥部牵头相关乡镇完成交地136.13公顷，拆除建（构）筑物20.8万平方米，为福州外语外贸学院滨海校区、阳光学院滨海校区及东郊粮库等一批重点项目建设提供用地保障。国际航空城核心区完成征交地133.33公顷，涉及13个项目。

2023年，全国首个配售型保障性住房项目“双龙新居”开工，福州新区安置房六期和租赁房三期、四期等项目竣工投用。滨海新城征迁安置指挥部组织开展古槐镇福平铁路下穿通道工程、国道316线古槐段、文武砂街道农场片区及鹤上镇高速公路一期项目（大架段）等项目（片

▶ 2023年4月15日，滨海新城安置房六期回迁选房活动开展（福州滨海新城征迁安置指挥部 供图）

区）涉迁群众的回迁选房、交房工作，提供安置房 2258 套。为切实维护涉迁户合法权益，滨海新城征迁安置指挥部推进安置房产权证办证工作，至 2023 年底，累计出证 1343 本。

（福州新区生态环境与城市建设管理局、福州滨海新城征迁安置指挥部、国际航空城管委会）

城市管理

【市容管理】 福州新区围绕建筑工地、渣土运输等市容问题开展城市管理和专项整治，维护城市安全、整洁、有序的公共秩序。2023 年，完成第六届数字中国建设峰会、香港立法会代表团和省市领导调研滨海新城等重要活动保障任务。

【建设项目渣土调配】 2020 年 12 月，福州新区研发的“渣土资源综合管理系统”上线试运行。该系统搭建起项目渣土审批、综合调配、全程监管平台，调配平衡项目渣土，推进渣土的科学化管理、规范化处置、资源化利用。2023 年，福州新区共办结建设项目渣土调配事项 179 项，科学调配土方 245.85 万立方米，其中资源化处理工程泥浆、拆旧垃圾 16.7 万立方米，节省财政资金约 4917 万元。

【市政环卫管养】 2023 年，福州新区开发完成智慧市政环卫管养系统，根据道路、桥梁养护技术标准，实现市政环卫任务下达、完成反馈、一路一档、一桥一档等场景应用。开发桥梁健康监测系统，完成试点系统部署及安全调试。建设运营水系公园配套公厕及旅游公厕 26 座、环卫综合转运站 1 座，初步验收密闭式垃圾分类压缩点 2 个。开展文松路等 77 条道路路面日常保洁工作，保洁面积 236.4 万平方米；开展湖东河等 6 条内河水域日常保洁，保洁面积 49.5 万平方米。

（福州新区生态环境与城市建设管理局）

生态保护

生态保护

海岸带保护与修复

【概况】　2020年起，福州新区相继组织实施福州市滨海新城海洋生态保护修复一期工程和二期工程。一期工程基于福州市滨海新城此前构建的海滩—防护林—湿地绿色屏障，采用防护林带修复、海岸海滩整治修复、湿地保护修复等手段，由海向陆形成由宽缓海滩、层层林带、大片湿地组成的交错梯队缓冲带与人文景观自然融合的生态减灾空间体系，构建集海岸防护、生物多样性保护、生态优化于一体的福州新区滨海新城的海洋生态安全格局。二期工程以“聚焦固碳增汇，促进蓝绿交融”“强化湿地修复，实现红柳并举”“注重因滩施策，推动修养结合”三大理念为指引，以“陆海统筹，从后滨到浅海，整体考虑，系统修复”为原则，通过实施下沙滨海沙丘—海滩修复与养护、下沙防风生态屏障建设与绿碳增汇、下沙海蚌重要生境恢复与蓝碳增汇、沙尾退养还滩与生境恢复、沙尾防风生态屏障建设与绿碳增汇、三营澳退养还湿与生境修复、五显鼻退塘还湿与生境修复、闽江口湿地红树林固碳增汇八大工程，由海向陆形成海域有稳定的生物栖息生境，滨海有沙丘与沙地植被覆盖，陆域有乔灌草植被缓冲带，集海域海岸修复、沙丘养护、后滨恢复于一体的多元立体生态防灾减灾体系，打造产城人融合发展的宜居宜业新城。

【福州市滨海新城海洋生态保护修复一期工程】 2020年，福州新区以“长乐沿线北部滨海防护林修复与建设工程”“长乐机场北部海滩整治修复与养护工程”“外文武海堤堤后湿地生境修复工程”三大工程成功申请2020年度中央财政支持海洋生态保护修复项目，立项“福州市滨海新城海洋生态保护修复一期工程”。项目北起梅花镇，南至松下港，总长度约55.6千米。实施期限2年，即2020年8月至2022年7月。申请到中央财政资金1.519亿元。经过2年建设，项目取得良好成效。2021年12月，入选为自然资源部海岸带生态和减灾协同增效典型案例。2021年，在生态环境部首次开展的美丽海湾优秀案例征集活动中，福州新区滨海新城岸段被选为8个优秀案例之一。

【福州市滨海新城海洋生态保护修复二期工程】 2023年，福州新区以“优化生态安全格局、推进南北修复一体”为目标，立项“福州市滨海新城海洋生态保护修复二期工程”，由南向北开展下沙、沙尾和五显鼻等3个片区海洋生态保护修复工程，并成功申报2023年度中央财政支持海洋生态保护修复项目，获得4亿元中央财政专项资金支持。9月25日，自然资源部和世界自然保护联盟在全球滨海论坛会议上联合发布《海岸带生态减灾协同增效国际案例集》，收录8个沿海国家（地区）在海岸带保护与利用工作中的生态减灾协同增效探索实践，福州新区滨海新城砂质海岸生态减灾案例位列其中。截至2023年12月底，项目总体进度完成25.89%，中央资金拨付到位24000万元，到位率60%；执行金额5560.35万元，执行率23.17%。地方配套资金已拨付到位5082.98万元，到位率23.64%；执行金额3719.14万元，执行率73.17%。

【防护林建设】 福州新区成立后，推动建设多功能多效益的复合型沿海防护林基干林带。更新防护林种植结构，从海岸线向内陆形成“100米木麻黄纯林+100米混交林+100米景观林”（3个100米）的种植结构。在空间布局上，实现从建设前狭窄、间断到建设后200米宽度以上不间断基干林带的转变；在结构组成上，实现从建设前单一木麻黄树种和林带结构，向建设后多树种、多层次、多功能、多效益的复合基干林带转变。针对风大、沙多、土瘦、水咸的生态条件，探索出土壤隔盐、品字形种植、喷雾洗盐等措施，提升成林效果。2017—2023年，总投资约24.71亿元，清退防护林地内养殖场167万平方米，拆除建筑15.7万平方米，建设修复沿海防护林带长23千米、宽300～500米、面积428.3公顷，种植木麻黄70万株、阔叶乔木12万株，构筑沿海生态屏障和绿色长廊，防风固沙成效明显，防护林后侧平均风力值从4.30米/秒降至2.93米/秒，滨江滨海路“沙埋现象”几乎绝迹。2023年新增防护林投资约2143.2万元，新增防护林面积约13公顷，种植乔木1138株。

（福州新区自然资源与规划局、福州新区生态环境与城市建设管理局、长乐区委党史方志室）

▲ 228国道长乐外文武围垦堤至下沙段（2023年） （姜亮 摄）

湿地保护

【概况】 福建闽江河口湿地国家级自然保护区坐落于福州市长乐区，位于长乐区东北部闽江入海口区域，保护区总面积 2100 公顷，为世界自然遗产预备项目。2023 年，福建闽江河口湿地国家级自然保护区围绕湿地生态保护修复、景观提升改造、科研能力建设，推进闽江河口湿地申报世界自然遗产和国际重要湿地。获批中央、省、市、区各级财政资金 5424.85 万元，总支出 2280.64 万元，用于湿地各类生态修复工程、湿地公园建设等，开展项目 21 个。湿地公园累计接待游客 20.82 万人次，为 578 批 2.05 万人次提供讲解服务。湿地保护区相关活动获得各大媒体关注报道 89 次。

东湖湿地面积约 15 平方千米，是东亚—澳大利西亚候鸟迁飞通道上

的重要驿站，拥有丰富的鸟类资源，记录鸟类 146 种，其中 11 种为国家二级保护动物。福州新区于 2019 年启动东湖湿地生态修复工程，培育生态防护林，保护鸟类栖息环境。该工程包括东湖湿地启动区生态修复、外文武海堤堤后湿地生境修复、东湖滨海生境生态修复等 3 个工程。

【湿地生态环境保护与修复】 2023 年，福建闽江河口湿地国家级自然保护区推进闽江河口湿地保护与修复工作，清理海漂垃圾 105 吨，整理草渣 122 吨。推进湿地保护区常态化执法巡护，联合区检察院、区海洋与渔业局、区生态环境局、区林业局、区自然资源和规划局、区公安局森林警察大队、潭头镇政府、潭头派出所开展违法种挖蛏联合执法行动 4 场，组织管护员开展巡护收缴行动 10 次，劝离违法种挖蛏人员 78 人次、赶海人员 101 人次，清除竹竿 170 余根，打捞销毁地笼 40 个，驱离渔船 3 艘、劝离擅闯保护区车辆 2 辆。

▲ 福建闽江河口湿地国家级自然保护区（2023 年） （林瑞乐 摄）

【湿地生态监测与科研】 2023 年，福建闽江河口湿地国家级自然保护区依托生态定位站，继续开展湿地水质、水文、植被、气象、土壤等常态化监测。推进新一轮闽江河口湿地综合科学考察工作，完成调查并形成科考报告初稿。开展珍稀濒危物种专题研究与中华凤头燕鸥资源调查、闽江河口湿地全域鸟类调查。加强陆生野生动物疫源疫病监测防控，疫源疫病监测站建设通过验收。与省林业局对接，完善生态定位站建设。组织开展课题研究，获批省级林业科技项目 1 项，自主立项咨询课题 3 项。

【湿地生态宣教】 2023 年，福建闽江河口湿地国家级自然保护区开展“世界湿地日”“国际生物多样性日”“全国生态日”“保护野生动物宣传月”“第七个文化和自然遗产日”等主题宣传活动及“全国三亿青少年走进森林研学教育”系列活动。开展摄影沙龙展示作品征集及创建国际湿地城市主题画作征集活动，改进摄影沙龙展示平台，定制展示 App。编撰《闽江之珠》画册，在潭头高速出口设置大型“中华凤头燕鸥”雕塑。邀请北京中视新华、缤纷自然（北京）摄制团队拍摄《闽江河口湿地申遗申报片及纪录片》和《闽江河口的中华凤头燕鸥专题纪录片》。

【闽江河口湿地入选国际重要湿地名录】 2023 年 2 月 2 日，2023 年世界湿地日中国主场宣传活动在浙江杭州举行。国家林草局现场发布国内新指定的 18 个国际重要湿地名单，福建闽江河口湿地入选，成为继福建漳江口红树林湿地之后福建省第二个国际重要湿地。

【闽江河口湿地入选山水工程首批 15 个优秀典型案例】 2023 年 10 月，闽江河口湿地生态保护及入侵物种综合治理项目入选财政部、自然资源部、生态环境部公布的山水工程首批 15 个优秀典型案例。闽江河口湿地生态保护及入侵物种综合治理项目，精确识别闽江河口湿地保护区管理单元存在生态问题，聚焦生态系统受损严重且保护修复治理迫切的区域，精准施策，解决闽江河口湿地存在的互花米草入侵、水鸟栖息地减少和海漂垃圾等问题，保护珍稀濒危水鸟栖息地安全和生物多样性稳定。

▲ 国家一级重点保护鸟类中华凤头燕鸥（2023 年）（郑航 摄）

【海峡两岸中华凤头燕鸥保育交流活动】 2023 年 11 月 25 日，2023 年海峡两岸中华凤头燕鸥保育交流暨海峡两岸生态保护融合发展专题培训活动在闽江河口湿地举行。活动内容包含“中华凤头燕鸥”专题摄影展、中华凤头燕鸥保育经验分享交流等。活动现场，两岸研究机构共同发布最新研究成果：2023 年预计全球中华凤头燕鸥数量为 200 只左右。

【东湖湿地启动区生态修复工程】 2019 年至 2021 年初，福州新区调整原规划近 4 平方千米拟填湖面积，实施东湖湿地启动区生态修复工程，保护东湖湿地重要的生态价值。通过运用退塘还湿、地形重塑、水生态管理、植被恢复与重建等技术，修复湿地面积 53.53 公顷，种植乔灌木 1 万余株，改变东湖湿地启动区原有的风沙地和养殖场的面貌。

【外文武海堤堤后湿地生境修复工程】 项目分两期实施，一期于 2020 年 9 月开工，占地面积约 84.6 公顷，建设资金约 4950 万元，主要建设内容为撂荒沙地修复建设工程，通过防护林养护、林缘景观修复、林间套种、退养还林还草等一系列生态修复措施，提高该区域生态系统的自我修复能力和稳定性。二期于 2021 年 5 月开工，占地面积约 129.33 公顷，建设资金约 964 万元，主要建设内容为外来入侵植物清理工程，通过“刈割 + 旋耕”的治理手段，开展互花米草清除工作，恢复自然景观，提供鸟类栖息场所。一期、二期项目均于 2021 年 8 月竣工验收。

【东湖滨海生境生态修复工程】 项目总面积 45.31 公顷，总投资 2404.08 万元，项目建设内容为改善滨海湿地防护林林相单一，增强该区域景观价值，提高生物多样性，并增加鸟类的食物来源；修复撂荒沙地、放牧地，清理清退养殖塘，退养还林、退滩还林，从而进一步改善湿地环境，构建完善的湿地生态，发挥湿地生态功能，为生物提供良好的栖息环境，有效保护生物多样性，提高生态系统自我维持能力。2023 年 9 月，项目可行性研究报告通过长乐区发改局批复。

（闽江河口湿地保护区管理处、福州新区滨江滨海文旅产业片区指挥部）

园林绿化

【概况】 福州新区按照《福州滨海新城森林城市建设总体规划（2017—2030 年）》要求，高标准、高水平推进绿化造林工作，打造“多廊多园”生态格局，截至 2023 年底，累计完成公共绿地投资约 8.79 亿元，建设绿地面积约 249.26 公顷，种植乔木约 16.55 万株。其中，2023 年度新增公共绿地投资约 4493 万元、绿地面积约 13.24 公顷，种植乔木约 5576 株，公共绿地养护面积 170 万平方米。对园林绿化工程开展精细化养管，实行抗旱保苗管理机制，制定实施《福州新区园林绿化工程抗旱保苗及防灾救灾工作管理暂行办法》。注重居住用地与城市绿化用地的合理布局，推进水系森林廊道、道路森林廊道、遍布全城的串珠式公园建设，逐步实现居民区周边 300 米见绿见林，改善新区生态人居环境。

▲ 海峡青少年活动中心周边景观公园（2023年）（许舒炀 摄）

【“多廊多园”生态格局】 福州新区通过建设滨水景观带、林荫绿道慢行网络和串珠式公园，打造“多廊多园”生态格局。注重运用生态驳岸、生态材料和仿生材料，采用蜿蜒曲折的生态河道形式，打造独具特色的滨水公共空间，保持、重现及创造河流多姿多彩的自然风情；结合海滨城市特色，打造夏有浓荫、春开鲜花的城市森林林荫大道。截至2023年底，已完工水系项目建设长度约12.55千米，沿河绿带约59公顷，种植乔木约3.6万株；已完工市政道路建设总里程约100千米，建设道路绿地面积约129.54公顷，种植乔木约9.07万株；建成海峡青少年活动中心周边景观公园、体育公园、金滨路绿轴、东南健康医疗大数据中心绿轴等串珠式公园，绿地面积约54.6公顷，种植乔木约3.2万株。

【苗木收储】 2020年5月，福州新区制定《福州滨海新城苗木收储工作方案》，为保护原生树木资源，收储滨海新城所有征迁项目内可移植苗木，并规划“战略留白地”建设苗圃，以提高苗木收储成活率，助力美化环境、涵养水源、调节气候，留下“绿色银行”，拓宽绿色空间。截至2023年底，累计收储苗木5000余株，年内，对征迁范围内古朴树和古榕树群落实施就地保护。

（福州新区生态环境和城市建设管理局）

资源保护

【概况】 2023年，长乐区坚持绿色发展，实施“蓝天、碧水、碧海、净土”工程，开展国家生态文明建设示范区创建，推进生态环境保护建设各项重点工作。城区空气优良率98.9%；全区县级、乡镇级饮用水水源水质均达III类饮用水质要求，达标率100%。

【大气污染防治】 2023年，长乐区持续提升环境空气质量，实施颗粒物与臭氧污染协同控制，2家涉及挥发性有机物排放的企业完成污染治理设备提升建设，3家加油站完成三次油气回收治理，23台202.9蒸吨/小时燃煤锅炉淘汰或改用天然气，5家钢铁企业基本完成工业废气超低排放改造。持续开展机动车尾气路检工作，完成186辆非道路移动机械编码登记。实施城市更新行动，建材行业、道路与施工场地颗粒物污染防治工作纳入常态化监管，开展大中型餐饮企业油烟排放情况监测。开展空气质量联防联控与预防预警工作，启动污染天气应对行动84次，控制道路、施工工地扬尘排放，实行重点工业企业错峰生产。

【水污染防治】 2023年，长乐区保障饮用水源安全，开展日常巡查保护，县级以上饮用水水源地水质达标率均为100%。实施小流域水环境综合整治，采取生态补水、疏通河道、截污纳管、强化工业企业环境监管等措施，国控、省控断面水质达标率100%。持续推进入河入海排口整治，实施海漂垃圾常态化治理。城区污水处理厂污水处理量1340.30

万吨，日处理污水能力 5 万吨，日均处理量 3.67 万吨；滨海污水处理厂污水处理量 1914.52 万吨，日处理污水能力 9 万吨，日均处理量 5.25 万吨；潭头污水处理厂污水处理量 1734.30 万吨，日处理污水能力 6 万吨，日均处理量 4.75 万吨。

【近海海域环境治理】 2023 年，长乐区开展入海排放口分类整治，完成沿海乡镇（街道）入海排放口溯源工作，整治入海排放口 140 个。运用线上“智慧巡滩”管理平台，自动生成全区巡海情况及待办、办结事项等相关数据，形成“地上查 + 网上管”的动态监管体系。聘请湾（滩）专管员，开展日常岸滩巡查，对入海排口、海漂垃圾、固体废物倾倒、岸线侵占等情况进行动态监管。至年底，近岸海域水质优良比例达到福州考核要求。

【海漂垃圾清理】 2023 年，长乐区委托区城发公司组建海上环卫队伍，聘用海上环卫工作人员，常态化开展海漂垃圾治理，做到日产日清。至年底，清理海漂垃圾 5678.84 吨。

2023 年 5 月 23 日，福州外语外贸学院滨海校区地块耕作层剥离再利用现场，剥离的耕作层有序堆放

（陈学连 摄）

▲ 福州新区滨海新城海岸段天澄海碧，众鸟翩跹（2023年） （陈云 摄）

【土壤污染防治】 2023年，长乐区督促用途转变为住宅、公共管理与公共服务等用地项目开展土壤污染状况调查工作，完成21个地块土壤污染状况调查报告评审。督促7家土壤污染重点监管单位，完成自行监测与有毒有害物质排放情况报告。动态更新疑似污染地块名单，完成土壤污染防治专项执法检查、涉镉等重金属重点行业企业排查与危险废物规范化环境管理评估等工作。

【矿产资源管理】 2023年，长乐区编制完成《福州市长乐区2023年度地质灾害防治方案》，开展全区废弃矿山地质环境综合整治工作，完成国家级省级地下水监测井水质监测与看护、矿山地质环境恢复治理、全区持证矿山地质环境GNSS（全球导航卫星系统）检查等工作。全年，对辖区 2 家持证矿山提出县级 GNSS 核查整改措施，整治率 100%；完成矿泉水探矿权（省级发证）报批 1 宗；完成自然资源部矿产卫片核查任务 3 宗，省生态环境厅月监测矿产卫片图斑核查任务 7 宗。

【耕作层剥离再利用】 2018 年 5 月 4 日，《长乐区耕作层剥离再利用工作方案》出台，建立“政府主导、国企推进”工作机制，剥离建设项目土地表层肥沃土壤进行再利用。截至 2023 年底，完成天津大学福州国际校区等 20 个项目 113.33 公顷耕地耕作层剥离，提供耕作层 22 万立方米，协助长乐区 10 余个乡镇开展再利用项目 106.67 公顷，耕作层有机质含量由 10 克 / 千克提升至 15 克 / 千克以上。省自然资源厅在全省范围内推广该工作经验和机制。2023 年，福州新区完成福州外语外贸学院滨海校区 2 个项目 13.93 公顷耕地耕作层剥离，保护耕作层土壤约 3 万立方米。

【生态损害赔偿及修复】 2023 年，长乐区办理生态损害赔偿案件 1 件，赔偿义务人签订生态环境损害赔偿协议，并完成生态损害替代修复等有关工作。

（长乐区委党史方志室、福州新区开发投资集团有限公司）

公共事务

公共事务

教育

【概况】 福州新区成立后，持续优化资源配置，推进教育均衡发展，截至 2023 年，建成区累计规划建设中小学校和幼儿园 16 所。引进“双一流”高校天津大学，与新加坡国立大学合办“天津大学—新加坡国立大学福州国际联合学院”，推动建设福州新区职教城，形成从学前教育到高等教育的“全链条”教育体系。2023 年，天津大学—新加坡国立大学合作办学项目完成首届硕士招生，阳光学院滨海校区和福州外语外贸学院滨海校区等职教城一期院校稳步推进，福州群众路小学滨海校区建成招生。福州新区建成区共提供基础教育学位约 2 万个，其中，已投用市属学校（园）4 所，提供学位 7910 个；区属学校（园）5 所，提供学位 5970 个；民办学校 1 所，提供学位 2700 个。

【天津大学福州国际校区】 天津大学福州国际校区总规划占地面积约 134 公顷（可建设用地面积 65.87 公顷），其中天津大学 - 新加坡国立大学联合学院占地面积约 12.13 公顷，建筑面积约 14.1 万平方米，可容纳 2000 名学生，于 2022 年 9 月底竣工。2022 年 4 月，教育部正式批准天津大学与新加坡国立大学在榕开展化工、化学、物理等 3 个方向硕士研究生中外合作办学项目（2 年制双学位），每年各招收 60 名学生，每届共计180人，首届学生于2023年9月入学。在博士生培养方面，天津大学与新加坡国立大学已联合培养5届共234名博士生。联合学院有兼职PI（学术带头人）25人，在站博士后21人，招聘全职PI助手10人，累计发表高水平论文1320篇，一区占比85%以上（在科学引文索引中，根据期刊的影响因子和其他指标，被划分到的最高级别区域的期刊上发表的论文）；获批国家级、部级重点项目118个，2023年度获批各类省部级以上项目10个，其中，国家自然科学基金项目6个，博士后基金项目4个。

【福州三中滨海校区】 福州三中滨海校区占地面积15.87公顷，建筑面积16万平方米。该校为寄宿制高中，办学规模48个班，规划学位2400个，建有国际会议中心、艺术中心、图书科技中心、室内篮球馆和游泳馆、学生公寓、教师公寓等配套设施。2019年6月，学校投入使用。截至2023年12月，学校共有在校学生1673人，教职工123人。

【福州滨海实验学校】 福州滨海实验学校为市教育局直属九年一贯制学校，占地面积71.93公顷。由小学部、中学部、图书信息中心、综合楼、体艺楼、食堂、室外运动场所等组成，总建筑面积7.6万平方米，办学规模60个班，其中小学36个班，初中24个班，规划学位2820个。2019年8月，学校建成投入使用。截至2023年12月，办学规模为38个教学班，小学一年级至五年级26个班，初中12个班（含3个体教班），截至2023年12月，福州滨海实验学校有在校学生1561人，教师89人。

【赛德文学校】 赛德文学校是融侨集团与有近500年历史的英国私立名校英国赛德伯学校联手打造的高端国际化双语学校。学校占地面积15.93公顷，建筑面积近20万平方米，于2018年9月投用，办学规模124个班级，可容纳学生2700余人。学校提供幼儿园至高中15年一贯制教育，是福建省内首家英式寄宿制学校，且在中学阶段开设国内升学和国际升学两个方向，均实行小班化教学。截至2023年12月，有在校学生661人，教师233人。

▲ 福州滨海实验学校（2023 年）（陈暖 摄）

【长乐师范附属小学滨海校区】 长乐师范附属小学滨海校区占地面积 28.53 公顷，总建筑面积约 2.5 万平方米，办学规模 36 个班，规划学位 1620 个。2020 年 9 月投入使用。截至 2023 年 12 月，共开设一至六年级 8 个班，在校学生 333 人，教师 23 人。

【福州群众路小学滨海校区】 福州群众路小学滨海校区占地面积 3.59 公顷，总建筑面积约 4 万平方米，办学规模 48 个班，提供学位 2160 个。2023 年建成，建筑内容包括教学楼、综合楼（设有报告厅、篮球馆、图书馆、大会议室、击剑教室、乒乓球室等）、地下室和配套附属工程，并于秋季开展首届招生。

【福州市滨海新城实验幼儿园】 福州市滨海新城实验幼儿园为福州市教育局直属公办幼儿园，占地面积 1.18 公顷，总建筑面积 1.54 万平方米，户外面积 8261.5 平方米，绿化面积 3541.5 平方米，2020 年 11 月 27 日正式开园。截至 2023 年 12 月，开设 9 个班，教职工 42 人，在园幼儿 254 人。

【长乐华侨中学滨海校区】 长乐华侨中学滨海校区占地面积 4.45 公顷，2023 年招生 250 人左右。截至 2023 年 12 月，有在校学生 708 人，分 13 个行政班，教职工 59 人，区级及以上骨干教师 8 人，福州市级学科带头人 1 人。

（福州新区行政审批局）

文化

【商务印书馆福州分馆】 商务印书馆是“中国近代文化的双子星”之一。2021 年 4 月 23 日，商务印书馆福州分馆正式开馆，成为福州网红打卡地、滨海新城文化亮点。截至 2023 年底，商务印书馆福州分馆共接待参访人员 6.20 万人次，其中散客 4.94 万人次、团体 1.26 万人次；举办公共文化活动 121 场，开展滨海大讲堂活动 12 场，“七进”（进机关、进企业、进学校、进社区、进家庭、进村社、进景区）活动 17 场，“阅读推广人”志愿者活动 16 场，以及其他各类“每周一场”活动 76 场，接待省内外党政机关、企事业单位、一般访客团队 500 多场。馆内库存图书品种数约 1.06 万种，总册数约 2.55 万册，图书总码洋约 194 万元。图书借阅服务借阅总码洋超 18 万元。

【海峡青少年活动中心】 2023 年，海峡青少年活动中心对外开放，全职教职工 12 人，兼职教师及活动辅导员 33 人。在职教师均具备相应学历及职业能力，其中“双一流”高校本科及以上学历 6 人。该中心

▲ 2023 年 10 月，福建省第八次少代会少先队主题实践活动在海峡青少年活动中心举行 （福州新区行政审批局 供图）

开发文艺舞蹈、书画美劳、科技创新、体育健身、体验实践等五大类兴趣课程 50 门，分为 273 个班级，全年招生总数 2204 人，兴趣培训参与学生 3.7 万人次。全年培训志愿者讲解员 5 人，党团队一体化展示馆接待学校、团体组织 43 批次，接待到馆人数 2002 人；举办大型活动，观众参与超过 2900 人次。儿童运动馆全年接待团体及亲子家庭 2.27 万人次，举办小小讲解员、小小志愿者各类活动 30 余次。

（福州新区行政审批局）

卫生健康

【概况】 2019年，福州新区布局建设国家区域医疗中心，先后引入复旦大学附属华山医院福建医院和福建中医药大学附属康复医院滨海院区2家三甲医院，截至2023年底，累计开放床位1505张，接诊总人数超70万人次，引领区域医疗全方位发展超越。加强疾病预防控制体系建设，2023年建成投用全省最大的市级疾控中心。

【华山医院福建医院】 复旦大学附属华山医院福建医院、福建医科大学附属第一医院（滨海院区）由福建省委省政府牵头，福州市委市政府建设，复旦大学附属华山医院与福建医科大学附属第一医院合作共建。医院地处福州新区滨海新城核心地带，占地面积15.37公顷。自2021年5月1日开诊至2023年12月31日，医院门诊量累计77万余人次，日均门诊量1900～2200人次；开放专科门诊44个，开放病区31个（33个专科），开放床位1205张，累计收治住院患者5万余人次，开展手术4万余台；共开展新技术新项目177个，其中101个达到国际国内领先或先进水平。完成空中救援14次，成功救治患者17人，救治成功率100%。

【福州市疾病预防控制中心】 2023年7月8日，福州市疾病预防控制中心新址正式启用，占地面积2.43公顷。新址历时3年建造完工，集突发公共卫生事件应急处置作业中心、公共卫生检测检验中心、疾病及健康危害相关因素预警监测评价中心、公共卫生数据分析中心、健康教育与促进中心等多项职能于一体。

【福建中医药大学附属康复医院滨海院区】 福建中医药大学附属康复医院滨海院区作为国家中医药管理局中医区域诊疗中心（康复）建设单位，于2022年6月6日正式开诊。医院建设国家级重点专科2个、省级临床重点专科3个、省级中医重点专科3个，一期规划床位300张全面开放，开设 14 个特色专科，实现“一院两区”一体化运行与同质化管理，促进优质医疗技术下沉，提升医院辐射和引领水平。截至 2023 年 12 月，累计接诊病患 2.7 万人次。

（福州新区行政审批局）

党政事务

党政事务

重要会议

【福州新区与福州国企战略合作动员部署会】 2023年1月10日，福州新区与福州国企战略合作动员部署会召开。会议发布《福州新区关于全面推进片区综合开发的实施方案》和《福州新区招商体制架构》。会上，福州新区与城投集团、新区集团、古厝集团、左海集团等14家国企签署战略合作协议。

【福州新区第五届创新发展大会】 2023年1月17日，福州新区第五届创新发展大会举行。12支队伍现场演示案例，介绍创新经验，涉及城市规划、健康医疗、产业生态、绿色生态等多领域。省市相关部门、单位的专家、领导现场打分，评选出杰出创新奖1个、最佳创新奖4个、优秀创新奖7个。

【福州新区领导干部大会（2023.2.27）】 2023年2月27日，福州新区领导干部大会召开，宣布省委关于福州新区党工委、管委会领导成员调整的决定：兰文任福州新区党工委副书记、管委会主任。受省委常委、福州市委书记林宝金委托，福州市委副书记、市长吴贤德出席会议并讲话。

【福州新区产业园企业座谈会】 2023年4月18日，福州新区召开产业园企业座谈会。会上，企业代表围绕企业生产经营情况、存在的困难、诉求和建议发言。会议强调要加强与企业沟通交流，做好要素配套和服务保障，帮助企业破解发展难题；要完善公共配套服务，全力为企业发展营造良好营商环境。

【福州新区领导干部大会（2023.6.6）】 2023 年 6 月 6 日，福州新区召开领导干部大会，宣布省委关于福州新区党工委、管委会领导班子成员调整的决定：陈云水任福州新区党工委书记，张帆任福州新区党工委副书记。省委常委、福州市委书记林宝金出席会议并讲话。

【福州新区民营企业家代表座谈会】 2023 年 8 月 23 日，福州新区民营企业家代表座谈会召开。会议深入学习贯彻习近平总书记关于民营经济发展的重要论述，认真落实《中共中央 国务院关于促进民营经济发展壮大的意见》和省委、市委全会部署要求，面对面听取民营企业代表意见建议，协调解决困难问题。

（福州新区党政办公室）

组织工作

【党员和党组织】 2023 年，福州新区党工委下设中共福州新区管理委员会机关委员会、中共福州（长乐）国际航空城委员会、中共福州新区开发投资集团有限公司委员会 3 个基层党委，31 个党支部（含党总支），有党员 547 人。其中，中共福州新区管理委员会机关委员会下设 9 个党支部，党员人数 187 人；中共福州（长乐）国际航空城委员会下设 2 个党支部，党员人数 36 人；中共福州新区开发投资集团有限公司委员会下设 4 个党总支、16 个党支部，党员人数 324 人。

【基层党组织建设】 2023 年，福州新区党工委坚持大抓基层的鲜明导向，严格执行《中国共产党党和国家机关基层组织工作条例》，进一步规范基层党组织建设，调整理顺新区党工委隶属党组织关系，新成立国际航空城党委，完成新区集团党委换届选举，设立新区九大片区指挥部临时党支部，推动各部门正职担任党支部书记。

【主题教育】 2023 年，福州新区开展学习贯彻习近平新时代中国特色社会主义思想主题教育，组织主题教育读书班 3 期，开展县处级以上领导班子专题研讨 5 次，理论学习中心组学习 12 次，开展“解放思想”大讨论近 40 场，基层党组织专题研讨 42 次。轮训培训党支部书记和党员 5 批 182 人次，开展专题辅导 13 场，2600 余人次参加。组织开展并完成调研课题 49 个；开展“我为新区献良策”活动，收到建议及工作创新举措 200 余条。开展“四下基层”活动，走访 400 余次，破解难题 37 个，办实事 53 件。开展整改整治，查摆问题 155 个，提出整改措施 400 余项，均整改完毕。

【干部队伍建设】 2023 年，福州新区围绕高素质专业化干部队伍建设，开展体制机制和干部队伍情况专题调研，调研覆盖新区全部内设机构。开展干部选拔任用工作，累计完成科级及以下干部职级晋升 17 人，高级主管及以下干部岗位晋升 17 人。完成年度社会化选聘工作，新招录 43 名社会化选聘干部。选派 33 人次参与市委组织部、市委党校及其他单位组织的培训，内部组织党务、业务培训 37 人次，举办东湖大讲堂 8 期，1600 余人次参加。开展干部评先评优推荐工作，推荐 14 名干部参评市级荣誉。

（福州新区党群工作部）

宣传工作

【精神文明建设】 2023 年是福州新区申报创建福建省第十五届

（2021—2023 年度）省级文明单位收官之年，福州新区印发《关于调整福州新区创建第十五届省级文明单位工作领导小组的通知》《福州新区 2023 年度精神文明建设工作要点的通知》《福州新区管委会精神文明创建工作绩效考核评分细则》《中共福建省委福州新区工作委员会关于建立机关基层党建工作纪实制度（试行）》等文件，以“党建 + 文明创建 + 工作纪实”工作机制，抓好组织领导、理论教育、党的建设、机关管理、志愿服务、融入创城等精神文明创建工作事项。开展各类群众性精神文明创建活动，组织开展“学习雷锋精神 弘扬时代新风”义诊活动、“党建聚合力 点亮微心愿”六一关爱困难儿童活动、“情暖门诊 志愿同行”协助患者就医志愿服务活动、慰问环卫工人志愿服务活动等。

【网络宣传】 2023 年，福州新区官网和福州新闻网新区频道发布稿件 1750 余篇；微信公众号“福州新区发布”发布推文 700 余条；“福州新区”视频号和抖音号发布视频 116 条，双平台总曝光量超 800 万次，总点赞量超 10 万个，总粉丝量 30320 人。年内，组织中央媒体“福州新区行”调研采风行、下沙“五一”重新开放等宣传活动，相关新闻报道全网累计曝光量超 1 亿次。组织“福州新区八周年”主题宣传活动，《中国经济导报》《福建日报》《福州日报》推出福州新区八周年专版，《福建新闻联播》《福州新闻》播出福州新区设立八周年新闻；福建广播电视台摄制《对话新区 派江吻海“探”新区》专题节目 3 期，福州广播电视台策划推出《八载耕耘铸辉煌 奋楫扬帆向未来——福州新区成立八周年》创意短片，总浏览量超 1000 万次。

（福州新区党群工作部）

纪检监察

【机构设立及改革】 2021 年 10 月，福建省委编委下发《福州新区管理体制调整方案》，设立福建省福州新区纪检监察工作委员会，作为省纪委监委的派出机构。2022 年 1 月 1 日，福建省福州新区纪检监察工作委员会正式挂牌。2023 年 10 月，配备 1 名副书记、2 名委员。福州新区纪检监察工委完善制度机制建设，制定出台议事工作规则、重大事项请示报告制度、落实意识形态工作责任制实施意见等 26 项制度；建设纪检监察内网、标准化谈话室，开展“走读式”谈话全流程演练。

【监督执纪】 2023 年，福州新区纪检监察工委深化同福建省建工集团纪委、长乐区纪委监委、福州新区集团纪委协作，发挥福州新区项目建设纪检监察工作“四方”联动协作机制作用，发现并督促整改问题 4 个，推动问责 8 人。持续提升福州新区智慧监督平台，集成各类监督检查工作信息，形成数据的“可量化、可追溯、可预警”和监督的“精准化、动态化、智能化”。建立纪检监察专责监督与审计监督、财会监督、统计监督的职能监督贯通协作机制。开展纠治“四风”专项监督等各类监督检查 66 场，检查发现并督促整改一般性问题 16 个，约谈提醒 5 人、批评教育 4 人。办理党风廉政意见回复 123 人次。

【廉政教育】 2023 年，福州新区纪检监察工委组织重点人员参观警示教育基地、旁听职务犯罪庭审等 57 人次。组织开展“廉政大家谈”活动 26 场，参加人数 300 余人，发言人数 280 余人。在近 70 个在建项目现场贴挂“廉政监督牌”，发放廉政宣传品 2 万多件。

【队伍建设】 2023 年，福州新区纪检监察工委开展主题教育和教育整顿活动，深化党性、纪律教育，抓好自身建设。组织人员赴潮江楼、南阳山福建省委旧址等地开展现场教学 16 场，赴龙岩举办党性教育培训班。组织 31 人次参加各级各类培训班，集中观看中央纪委业务知识培训系列视频 22 场。

（福州新区纪检监察工作委员会）

ANJI COS

中国（福建）自由贸易试验区福州片区

中国（福建）自由贸易试验区福州片区

综 述

2014年12月31日，国务院批复同意设立中国（福建）自由贸易试验区。中国（福建）自由贸易试验区涵盖平潭片区、厦门片区、福州片区，总面积118.04平方千米。其中，福州片区规划实施范围31.26平方千米，涵盖仓山、马尾、福清3个区块，全部位于福州新区范围内。功能定位为重点建设先进制造业基地、“21世纪海上丝绸之路”沿线国家和地区交流合作的重要平台、两岸服务贸易与金融创新合作示范区。2015年4月21日，中国（福建）自由贸易试验区福州片区挂牌成立。2022年2月，中国（福建）自由贸易试验区福州片区管理委员会与福州新区管理委员会联合挂牌、合署办公。

贯彻落实中共中央、国务院关于自贸试验区建设的决策部署，深耕改革开放“试验田”。制定中国（福建）自由贸易试验区福州片区（以下简称“福州片区”）实施方案，编制福州片区产业规划，研究出台“两方案、两清单”（改革开放方案、平台建设方案及向上争取政策清单、向下部署任务清单）、深化改革方案、营商环境提升方案、改革创新五十条措施、高质量发展措施、提升行动实施方案等。完成重点改革试点任务，福州片区实施方案（2015—2018年）113项试验任务全部完成，福建省新增57项试验任务全部实施；深化改革方案（2018—2021年）完成国家赋予的86项试验任务；国务院深化自贸试验区改革创新若干措施（2018年）赋予的21项试验任务全部完成。2023年

6 月，国务院针对福建等 5 个自贸试验区和海南自由贸易港推出《试点对接国际高标准推进制度型开放若干措施》，其中在福建省实施 33 项措施，已落地实施 27 项。深化体制机制创新及复制推广，围绕投资、贸易、金融、法治等重点领域和关键环节，加强制度集成创新，累计推出 20 批 288 项创新举措，其中全国首创 110 项，复制推广到全国 25 项、全省 110 项，5 项试点经验列入全国自贸试验区“最佳实践案例”。

对标国际规则大胆试，构建一流国际营商环境。系统性推动投资便利化集成改革，深化商事登记制度改革，2015 年 4 月在全国率先推出“三证合一，一照一码”，为全国“多证合一”改革提供了自贸经验；建立“负面清单 + 准入前国民待遇”外商投资管理体制。推进贸易便利化集成创新，协同推进口岸监管模式优化，全国首创“简化 CEPA 及 ECFA 项下货物进口原产地证书提交需求”等举措；推进智慧港口建设，国际贸易“单一窗口”升级 4.0 版，全面汇聚融合进出口业务流、货物流、信息流、资金流。打造高效透明的政务服务体系。集中实施 282 项省、市许可审批事项，完成 868 项政务服务标准化建设，推行“一窗受理、集成服务”改革，全国首创行政审批全流程电子证照应用，政务服务事项 99%“一趟不用跑”；在福建省率先开展“证照分离”改革试点，为全覆盖改革提供实践经验。

实施创新驱动发展战略，做强先进制造业基地。以特有政策加速制造业集聚，利用自贸试验区境外设备维修、高端人才引进、保税物流等创新政策，助推区内星云电子、优你康、福光股份、科立视等龙头企业提质增效。新能源储能产业链上下游企业超 20 家，年产值突破 180 亿元。以“物联网 +”构筑智能制造高地，加大物联网创新研发等扶持力度，支持国脉科技等物联网龙头企业建设车联网、二维码等特色应用平台。设立全国首家物联网开放实验室，引进华为全国首个物联网云计算创新中心。以技术服务平台提升制造业“软实力”。建设先进制造业技术服务中心，拥有 6 个国家级检测中心和 1 个认证机构，配备 5.6 万平方米的专业化实验室，围绕物联网、新能源材料、人工智能等新兴产业领域，为企业提供产品质量全生命周期的技术跟踪服务。

2023 年，福建自贸试验区福州片区新增企业 2038 家，注册资本总额 243.9 亿元，其中大陆投资企业 2002 家，注册资本 223.02 亿元，外资企业和中国港、澳、台资企业36家，注册资本20.88亿元，实际利用外资（非港澳台资）0.29亿美元，实际利用中国港、澳、台资0.63亿美元。区内税收75.55亿元；全区港口货物吞吐量7376.43万吨，集装箱吞吐量301.06万标箱。

（福建自贸试验区福州片区管委会）

体制创新

【概况】　2023年，福州片区在投资贸易便利化、金融服务创新、对台合作交流、法治保障水平等领域推出41项创新举措，其中21项经省自贸办评估认定，8项为全国首创；在中山大学发布的全国54个自贸片区“2022—2023年度制度创新指数”中，福州片区排名第13位。

【投资便利化改革】　2023年，福州片区在全国率先制定《企业注销登记服务准则》，在全省率先制定《企业开办服务准则》，便利企业开办和注销登记。推进市场主体住所登记改革，推动出台《福州市市场主体住所（经营场所）经营条件的若干意见》。推动福州市市场监管、农业部门联合推出“零材料打包办”跨部门审批事项改革，删减近20种类型证照的109项申请材料，实现证照信息变更“一次申请、打包办成”。

【贸易便利化改革】　2023年，福州片区推出“旅检口岸VR物联网应用”“进境拼箱货物监管新模式”等7项海关监管便利化举措，口岸通关便利化水平进一步提升。江阴港获批进境粮食指定监管场地（散粮），开辟粮食进口新物流通道；港区首台远控岸桥投入运行，17台岸桥全线实现集装箱作业交接的智慧化运作；实施启运港退税政策，进一步缩短出口企业申报退税时间。2023年12月，海关进出口货物整体通关时间分别为15.92小时、0.70小时，时效位居全国前列。

【法治化建设】　2023年，福州片区会同市中院制定印发《福州市中级人民法院印发〈关于涉自贸区消费者权益司法保护工作指南〉的通知》和《福州市中级人民法院印发〈关于涉自贸区知识产权司法保护工作指引〉的通知》，提升涉自贸区消费纠纷案件的审判质效。“‘三单一网’工作法”“生态损害赔偿‘三衔接三同步’”机制入选福建自贸试验区第20批创新举措。成立自贸区知识产权（涉台）法律保护中心，组建“自贸区知识产权保护办案组”，对自贸区企业知识产权进行全方位综合性保护。设立2家涉台检察联络室，聘任2名台胞担任涉台检察联络员，延伸台胞权益保障法官工作室服务范围。

（福建自贸试验区福州片区管委会）

产业发展

【概况】 2023年，福州片区制定印发《深化创新发展平台提升行动工作方案》，推动做大做强国际贸易、数字经济、金融服务等12个产业平台，为创新发展提供支撑。

【跨境电商】 2023年，福州片区举办2023年中国（福州）跨境电商交易会，推动纵腾集团在机场新设跨境电商监管中心，促成泛鼎集团建设鼎菱跨境综合产业园。全年跨境电商进出口总额50.81亿元，其中出口39.68亿元、进口11.13亿元。

【整车进口】 2023年，福州片区引进国内创新的“一站式”汽车检测实验室，设立汽车业务专窗，运用“互联网＋海关”服务平台为汽车出口制定一揽子快速通关措施，引进“上汽名爵”和“东南捷虎”整车出口业务（含滚装出口与新能源汽车出口）。全年出口外贸汽车24250辆，出口二手车4801辆。

【先进制造】 2023年，马尾区用户侧新型储能产业集群入选工信部中小企业特色产业集群名单，聚集产业链上下游企业超 20 家，产值突破 180 亿元。马尾区成为全国首个产品批量完成鸿蒙适配的生态标杆区，区内物联网企业 254 家，以物联网为龙头的新一代信息技术产业规模 420 亿元。

【金融创新】 2023 年，福州片区落地全省首单大宗商品跨境人民币结算业务，全年累计跨境人民币结算量（经常项下 + 直接投资项下）501.76 亿元。福州招银租赁有限公司在区内注册成立，实现福州市金融租赁公司“零的突破”。加快建设基金小镇二期，集聚 135 家私募基金管理人和 464 只公司型、合伙型私募基金，累计基金规模 1821.3 亿元。

（福建自贸试验区福州片区管委会）

两岸融合

【概况】 2023 年，福建自贸试验区福州片区突出对台特色和功能定位，融入两岸融合发展示范区建设，以通促融，以惠促融，以情促融，打造台胞台企登陆第一家园。

【以通促融】 2023 年 4 月 1 日，“南北之星 2 号”客轮正式通航，从马祖福澳港到马尾琅岐港只需 50 分钟，至年末共运营 570 航次，接送两岸同胞 2 万人次。全年，福州片区对台海运业务量实现 541.74 万票，比上年增长 21.63%，货值 4.67 亿元。马尾区与马祖签订《马尾马祖（两马）文旅交流合作框架协议》，全年接待马祖游客 2 万余人次。促成台籍医学硕、博团队在瑞科医药健康产业园成立 2 家台资企业。推进“两岸中医药融合（栽培与利用）标准共通试点”工作，两岸有关机构协会完成共通标准的相关资料和数据采集。

【以惠促融】 2023 年，福州片区深化闽台金融合作，创新两岸人民币特色金融业务（贸易融资相关），累计为企业提供“低成本”资金

72.43亿元。发挥“台企快服贷”“台商兴业贷”等特色产品作用，累计为区内台胞台商提供贷款余额超7000万元。支持台资金融机构在大陆首创“薪速汇”产品，实现全流程线上化以跨境人民币形式汇出完税薪资。落实福州市政府《鼓励台湾同胞来榕就业创业的十条措施》，支持鼓励台胞到自贸区福州片区就业创业。健全自贸试验区法律服务体系，推动福州法务区建设，2015年8月21日成立福州国际商事仲裁院，截至2023年底，受理涉自贸区案件1022件，涉及金额37.51亿元。

【以情促融】 2023年，福州片区以两岸同根同源的深厚民俗文化为主线，举办第11届海峡青年节、第16届闽台陈靖姑民俗文化旅游节、第21届“两马同春闹元宵”等对台文化交流活动。海峡青年节开展活动35项，涵盖数字经济、人才交流、创新创业等领域，吸引1396名两岸青年参加。

（福建自贸试验区福州片区管委会）

对外开放

【概况】 2023年，福州片区发挥“海丝”核心区先行示范作用，推进制度型开放和高水平对外开放，扩大境外投资，加强贸易往来，扩大制度型开放，在“一带一路”建设中凸显优势。

【扩大境外投资】 2023年，福州片区发挥自贸试验区连接国内国际两个市场、两种资源的桥梁和纽带作用，做好境外投资的项目引导和公共服务，完成境外投资备案17项，中方投资额5亿美元。

【进出口贸易】 2023年，福州片区推动福州保税区整合优化为福州长乐国际机场综合保税区，成为福建省首个空港综保区。助推中国—印度尼西亚“两国双园”建设，举办中国—印度尼西亚经贸博览会等9场重要经贸活动。福州市入选2023年国家物流枢纽建设名单。“闽都

▲ 2023 年 1 月 26 日，江阴港区开展首单外贸汽车滚装出口业务 （自贸区福州片区管委会 供图）

号”中欧班列开通中亚线路以及“墨西哥—江阴—俄罗斯”海铁联运线路，全年开行班列 17 列，运载货物 1864 标箱，承运货物货值 3.96 亿元。2023 年，江阴港集装箱吞吐量 228 万标箱，比上年增长 8.3%，比 2015 年 4 月挂牌前增长 128.68%。

【制度型开放】 2023 年，福州片区对接 CPTPP（《全面与进步跨太平洋伙伴关系协定》）等高标准经贸规则，推进制度型开放试点工作，国务院在福建自贸试验区实施的33条制度型措施中已落地27条，涵盖海关监管便利、行政审批公平公开、消费者权益和知识产权保护、支持境外专业人员提供专业服务、提高市场主体环境绩效的自愿性机制、加强法治监管保障等领域。

（福建自贸试验区福州片区管委会）

功能区园区建设

功能区园区建设

元洪投资区

【概况】 2023 年，元洪投资区规模以上工业总产值 302.98 亿元，比上年增长 7.3%。固定资产投资 47.95 亿元，比上年增长 52.7%；其中工业固定资产投资 25.73 亿元，增长 34%。全年实际利用外资 360 万元，限额以上批发和零售总额 106.68 亿元。园区企业全年完成外贸出口量 14.9 亿元，比上年增长 54%；完成进口额 78.6 亿元，增长 16%。

【基础配套设施】 2023 年，元洪投资区新增道路约 9 千米，开工建设海城路拓宽改造工程，启动改造首溪河道等水利工程，实施 7 条道路配套提升工程。启动建设元洪学校及幼儿园、元洪医院等项目，推进食品大学报批，加快搭建“产学研用”合作平台。开工建设元洪作业区 1 号、2 号码头泊位，完成元洪第一污水处理厂三期扩建工程以及配套尾水管道改造工程。

【项目建设】 2023 年，元洪投资区有 24 个项目被列入福州市重点项目（含 8 个省重点项目），年度累计完成投资 49.82 亿元。元洪作业区 1 号、2 号泊位等 15 个项目开工，鸿昌食品、恒元盛产业园等 8 个项目在建，御冠食品有限公司年加工各类冷冻食品 10 万吨项目竣工。

【招商引资】 2023年，元洪投资区完成招商项目29个，完成金额56.27亿元。其中重点招商项目4个、产业链项目7个、外贸项目1个、侨资项目3个、台资合同项目10个、一般项目4个。

【产业发展】 2023年，元洪投资区重点围绕食品加工、纺织化纤等传统优势行业，争取各类技改补贴1159.05万元，引导新福兴、御冠等17家企业实施19项技改创新，推动产线升级、产能扩大与节能降碳。全年累计完成技改固定投资21.8亿元。帮扶云融食品等12家企业投产

▲ 元洪投资区一隅（2023年）（林双伟 摄）

运营，支持和特能源公司在福建省证监局备案上市辅导企业名单，支持兆华水产公司获得“农业产业化国家级龙头企业”称号，新增省级“专精特新”企业3家、“科技小巨人”企业3家、省级创新型中小企业6家。

通过中国—印度尼西亚“两国双园”经贸创新基地引进273家商贸服务类企业，注册资本70.2亿元。全年，新增福建全友福有限公司、福清市鸿誉国际贸易有限公司、福建省金惠商贸有限公司等限额以上商贸企业23家，限额以上社会消费品零售总额约13.27亿元，比上年增长0.25%，限额以上批发额约93.4亿元，增长17.64%。

【营商环境】 2023年，元洪投资区开拓市场平台，对接金融平台，建设公共服务平台，发展冷链物流平台。围绕食品产业生态链和食材供应链进行补链、壮链，鼓励企业通过省供需对接平台进行线上供需对接；对接银行等金融机构，发挥中国工商银行、中国银行跨境人民币服务中心等作用，协调解决企业融资问题；利用中国—印度尼西亚“两国双园”投资促进中心，配套建设园区研发、检测、认证等公共服务平台，如清真食品认证平台等；夯实国家骨干冷链物流基地设施配套，加快福州港元洪作业区升级改造，为园区企业发展提供冷链物流仓储服务。

【“两国双园”项目】 2023年，福建省、福州市依据国务院批复同意的《中国—印度尼西亚经贸创新发展示范园区建设总体方案》要求，分别编制印发《中国一印度尼西亚经贸创新发展示范园区建设实施方案》。省、市政府围绕产业支持、财税优惠、通关便利等问题，分别研究出台15条专项政策举措、28条配套政策措施，释放政策叠加红利。元洪功能区依托商务部、福建省、福州市、福清市多级联动机制，统筹推进中国—印度尼西亚“两国双园”项目园区建设。

年内，“两国双园”项目双方进一步增进政治互信、经贸往来，省、市、县主要领导高频次率团出访，与印尼海统部、海渔部等座谈交流，19批次近500人次印度尼西亚团组考察元洪功能区，建立常态化沟通协调机制，达成更多合作共识。双方共同举办中国—印度尼西亚“两国双园”经贸合作交流洽谈会、中国（福建）—东盟经贸合作论坛等9场大型交流活动，围绕海洋渔业、热带农业等五大跨国合作产业，形成项目34个，总投资近800亿元。胜田食品、宏港纺织等园区企业布局印尼。新设立“两国双园”经贸创新基地，全年吸引新增商贸服务企业270家，推动生成印尼水产、青椰、矿产等贸易项目28个，全年进出口贸易总额76.52亿元，比上年增长26.4%。引进椰子产业园、马来西亚食品产业园、海洋装备产业园等细分行业，国际分工合作项目持续生成。

（元洪功能区管委会）

国际航空城

【概况】 国际航空城核心区位于福州市长乐区中北部，规划面积62平方千米，东至沿海防护林，西至文松路、沈海高速复线及首石山，南至机场高速，北至规划临空支路，涉及湖南、漳港、文岭、梅花等镇街。区域内产业以纺织化纤、装备制造、食品加工等为主，重点发展新材料、临空物流及高端制造。2023年，国际航空城核心区有规模以上工业企业169家，工业总产值1025.15亿元，比上年增长3.9%；完成固定资产投资195.15亿元，减少17.0%，其中工业固定资产投资56.44亿元，增长18.7%。

【基础配套设施】 2023年，国际航空城核心区在交通设施方面，建设完善文前路、马山一路及文松路等10条公路，总长42千米；开展建设网龙二路、文鹤中路等5条主干路和2条区间路，总长39千米，总投资约60亿元。河道设施方面，开展闽鹏河和文鹤河等2条河道建设，总投资约5.8亿元。教育配套方面，福州软件职业技术学院三期竣工投用。住房配套方面，福翔小区、东卓名郡安置房封顶，总投资约9.82亿元。

【项目建设】 2023年，国际航空城核心区重点项目有80个，总投资约925亿元，完成年度投资约145亿元。其中包括永荣锦逸超纤产业园、万洋众创城等开工项目 16 个，福米贴片、兴航机械、同正物流等竣工项目 11 个。

【招商引资】 2023 年，国际航空城核心区以新材料、新能源产业为主线，共招商落地福米 SMT 项目、万洋众创城等项目 35 个，总投资约 325.88 亿元。加快重点项目招商工作，对接线索项目 23 个，总投资约 425 亿元。

【产业发展】 2023 年，国际航空城核心区围绕纺织功能性新材料、新型显示、汽车零部件等三大产业链，推动产业集聚发展。

纺织功能性新材料产业链 长源集团电商与仓储项目竣工验收，锦逸数智化功能性绿色超纤产业园一期开展厂房主体施工，唐源合纤二期开展基础施工。

新型显示产业链 恒美光电偏光片项目两条生产线全部投产；贴合产业园主厂房一层福米大尺寸贴片项目，设计大尺寸液晶面板，年产能超 1000 万片，3 条生产线全部投产；二层福米华冠中小尺寸贴片项目，生产中小尺寸液晶面板，满产年产能约 2000 万片，开展规划设计产线设备扩建、搬迁的整体设计与布局方案；三层福米 SMT（表面组装技术）项目车间完成无尘机电装修工程。

汽车零部件产业链 依托福建骏鹏智能制造有限公司、光隆精密工业（福州）有限公司等企业探索引进氢燃料电池电堆、燃料系统等关键核心零部件项目，其中骏鹏新能源储能柜智能柔性生产线项目投产运营，佳鑫新能源储能设备产业化项目开展主体施工，光隆福州新能源商用车零部件智造基地项目一期开展供地手续及现场土方平整工作。

【企业服务】 2023 年，国际航空城核心区成立航空城专班服务领导小组，优化新型显示标准化园区服务保障，深化“汇总—分析—协调”工作机制，协调解决园区企业员工子女就学等问题 40 个。为辖区企业提供安全生产和周边环境安全保障，为 250 家企业举办企业赋能宣讲 10 场，应急培训 6 场，提供环评、立项等申请服务 20 项，打造便利营商环境。

▶ 2023 年 7 月 19 日，福建跨境通电子商务有限公司联合美国西部环球航空将福州—洛杉矶全货运航线升级为具备更大载量的波音 747-400F 全货机，满载跨境电商商品、电子产品、日用品等近 110 吨的货品，从福州长乐机场启航（福州新区党群工作部供图）

【福州长乐国际机场综合保税区设立】 2023 年 7 月 9 日，国务院批复设立福州长乐国际机场综合保税区（简称“机场综保区”）。机场综保区是福建省首个空港综合保税区，位于福州长乐国际机场北侧，总规划面积 1.83 平方千米，其中一期规划面积 0.71 平方千米，包含综合服务中心、卡口、查验中心、围网以及巡关道等市政配套设施，和以商业、办公、生产加工、物流仓储、研发制造、检测维修等为功能需求建设的设施用房。截至年底，项目完成投建运一体化招标工作，完成建设前期各项准备工作，开展地勘钻探。

【长乐国际机场二期项目建设】 长乐国际机场二期项目于 2020 年 9 月 11 日开工。围绕建设“双航站楼、双跑道”的机场布局，按照 2030 年满足年旅客吞吐量 3600 万人次、货邮吞吐量 45 万吨设计，用地面积 584.93 公顷，新建 25.5 万平方米 T2 航站楼和 3600 米 ×45 米第二跑道，在两航站楼之间建设 8.18 万平方米综合交通中心和 11.99 万平方米停车楼及相关配套设施，同时引入南、北进场路，分别与在建的机场第二高速和现有机场高速形成闭环，建设 F1 地铁线和高铁 F2/F3 线，加强轨道交通与机场的有效联通。

在项目建设过程中，实行“总设计师”制度，聘请北京市建筑设计研究院邵韦平团队组建“总设计师”团队，由“总设计师”团队收集机场二期扩建及配套工程各子项工程设计、施工、投产计划，整体梳理，对工程交叉问题提前预判，开展项目施工现场巡查等九项日常工作，解决各工程重叠部分产生大量施工交叉矛盾问题，保障机场二期建设序时进度。

截至2023年底，T2航站楼外部轮廓初步形成，跑道水稳施工完成70%，货站跨境电商中心竣工投用，空管塔台封顶，管制中心内部砌体施工完成，航油工程已开展管道铺设。综合交通枢纽南、北进场路路基施工基本完成，国铁、地铁站主体结构建设完成30%；F1线及机场二高速（长乐段）多点开展施工；F2、F3线工程项目可行性研究报告完成审查、长乐机场段地勘工程完成70%。

【福州临空经济示范区建设】　福州临空经济示范区位于福州新区核心区，于2020年11月27日获得国家发改委、民航局联合复函批复，成为第17个国家级临空经济示范区。规划总面积约145平方千米，其中长乐国际机场面积约18.3平方千米，规划范围东至沿海防护林，南至规划长林路，西至文松路、泽竹路及南阳山，北至规划临空支路。2023年，临空经济示范区地区生产总值715.77亿元，规上工业增加值335.67亿元，一般公共财政收入29.19亿元。

（国际航空城管委会）

琅岐经济区

【概况】　2023年，琅岐经济区完成财政收入9883万元、社会固定资产投资16.09亿元，规模以上工业总产值6.77亿元，进出口外贸总额2990万元。举行“琅岐之春”、福州市第三届果蔬节、“瓜果飘香礼颂丰收”农民丰收节、“红蟳收获季 来龙鼓看海”琅岐红蟳节等活动 7 场。海峡青年交流营地入选为市级研学营地，红蟳公社、龙鼓度假村、红光湖公园游客接待量 80 万人次。

【重点项目建设】 2023 年，琅岐经济区安排区级以上重点项目 40 个，总投资 50.42 亿元，完成年度投资 24.02 亿元。其中，续建项目 13 个；新开工项目 23 个，包括琅岐云龙村东岐路沿线提升改造、琅岐镇农村生活污水提升改造、琅岐岛雁行江北岸片区综合整治、渡亭河水系生态治理等；谋划项目 4 个，包括自贸区横一路至琅岐中学连接线道路工程、琅岐镇西北段河道整治工程、琅岐镇农村道路建设工程、琅岐雁行江水系疏浚及水利设施加固改造。

【招商引资】 2023 年，琅岐经济区生成项目线索 22 个，落地项目 4 个，其中通过市招商办考核产业链项目 1 个（万农高科琅岐农业示范基地），总投资 1.11 亿元；一般项目 3 个，包括福州至一华伦高中有限责任公司、福建省嘉登中青文旅产业发展有限公司、福州信智达木业有限公司。新增琅岐经济区区属企业 15 家，注册资本 1.99 亿元；登记注册企业 327 家，其中自贸区企业 227 家。

【种业创新基地建设】 2023 年，琅岐经济区根据“西北部研发共享区”“中部孵化示范区”“东部种苗繁育区”的功能定位，推动种业创新基地项目落地建设，为落地项目争取政府补助资金 940 万元。福建省种业创新基地（琅岐）新品种展示评价基地举办蔬菜新品种展示品鉴及技术观摩会等展示评价活动 17 场，参与人员近 3000 人；琅岐镇吴庄村、荣光村入选 2023 年度市级“一村一品”专业村名单，主导产业分别为玉米、大棚蔬菜。

【文旅发展】 2023 年，琅岐经济区推进文旅资源开发，打造“田园风光 • 琅岐风味”特色品牌。在琅岐全域旅游方面，与福建省嘉登中青文旅产业发展有限公司开展合作，推动以龙鼓度假区为文旅核心的产业融合，在龙鼓度假区开展沙滩露营、赶海体验等项目。“五一”国际劳动节期间，在龙鼓度假区举行“来琅岐 浪起来”五一狂浪周暨望江楼、狂飙山地车试运营启动仪式，吸引2万名游客到琅岐龙鼓沙滩游玩。12月，海峡青年交流营地入选市级研学营地。

（马尾区委党史和地方志研究室）

福建自贸试验区福州片区经济技术开发区块

【概况】 2023年，中国（福建）自由贸易试验区福州片区经济技术开发区块占地面积22平方千米（含福州保税区0.6平方千米、福州综合保税区1.14平方千米）。

【体制创新】 2023年，福建自贸试验区福州片区经济技术开发区办事处联合马尾区相关职能部门，推动自贸试验区体制机制创新。年内，全区有4项举措入选福建自贸试验区第20批创新举措，其中3项为全国首创，分别是服务企业“三单一网”工作法（全国首创）、旅检口岸VR物联网应用（全国首创）、全国首个数字人民币产业联盟（ECIA）（全国首创）、生态环境损害赔偿工作“三衔接三同步”机制。

【招商引资】 2023年，福建自贸试验区福州片区经济技术开发区办事处通过福州市招商行动领导小组办公室考评招商项目7个，分别是国航远洋股份发行融资项目、福州六尺智算科技有限公司、福州闽都基础设施投资基金合伙企业（有限合伙）、好利来食品科技（福州）有限公司、福建省企德供应链管理有限公司、水产销售平台购销项目、福建众合长盛投资发展有限公司，总投资62.31亿元。其中福建省企德供应链管理有限公司为外资项目，水产销售平台购销项目、福建众合长盛投资发展有限公司为台资项目。

（马尾区委党史和地方志研究室）

福州高新技术产业开发区马尾园

【概况】 2023年，福州高新技术产业开发区马尾园（简称“马尾高新园区”）有规模以上工业企业84家、规模以上软件服务业企业25家。实现工业总产值368.3亿元，比上年增长0.1%，产值占马尾区工业产值的51.8%。完成工业固定资产投资15.8亿元，比上年增长51.4%，其中新入库工业固定资产投资项目9个。园区有省级龙头企业18家，高新技术企业152家，科技“小巨人”企业46家，专精特新中小企业32家，“独角兽”企业1家，未来“独角兽”企业8家，“瞪羚”创新企业4家。有市级以上企业技术中心3家，其中省级1家、市级2家。有博士后科研工作站6家。规模以上企业从业人员3.24万人。年内，飞毛腿（福建）电子有限公司、冠城大通股份有限公司等3家企业入选2023福建省民营企业100强。

【重点项目建设】 2023年，马尾高新园区有区级以上重点项目43个，总投资额83.46亿元，计划投资额31.36亿元。43个项目中有续建项目13个、计划新开工24个、前期预备6个。全年开工项目25个，竣工项目17个，完成投资额34.51亿元，超序时进度10.06%。申报“项目攻坚增效年”专项行动项目28个，其中开工提速项目14个、在建提速项目5个、竣工投产项目9个，总投资70.26亿元，计划投资额32.3亿元。全年开工项目14个、竣工9个，完成投资额40.27亿元，超序时进度24.6%。

【招商工作】 2023年，马尾高新园区招商落地项目15个、投资额25亿元，包括海电运维海洋装备购置及信息化项目、安通新能源汽车零部件项目、米立智慧物联网产品生产基地、联东U谷·马尾科创中心等。重点跟踪项目有福大紫金氢能产业园、九州通现代医药产业园等。

【营商环境优化】 2023年，马尾高新园区实行项目服务“保长制”，推动解决企业在生产经营过程中存在的困难和问题。服务博大生物农副产品供应链中心、坤兴海洋水产品加工三期工程等增容扩建项目。推进

▲ 马尾新能源充电站（2023 年） （林双伟 摄）

“小升规”（指小微工业企业升级为规模以上工业企业，纳入统计部门工业统计范围）培育工作，提升福建瑶光智能科技有限公司、福州西铁机电技术有限公司、福建海山兄弟食品有限公司等成为规模以上工业企业。推动福建师范大学物能学院、光电学院到园区举办校企对接交流活动 2 场，研讨“政 + 企 + 校”人才培育问题。

（马尾区委党史和地方志研究室）

福建自贸试验区福州片区出口加工区

【概况】 2023 年，中国（福建）自由贸易试验区福州片区管委会出口加工区办事处投资服务中心（简称“投服中心”）推动长安园区完成工业产值 113.62 亿元，比上年增长 0.8%；完成工业固定资产投资 17.6 亿元，增长 0.2%；培育“小升规”工业企业 11 家。

【招商引资与项目建设】 2023 年，投服中心加强招商队伍建设，实行招商项目全程跟踪服务机制，推动招商项目转化为落地项目。全年引进锐步运动健康产业园、好利来食品、文畅速冻调理食品精深加工等市招商考评项目 6 个，总投资 11.50 亿元。推动福州（马尾）万洋科技众创城、文畅速冻调理食品精深加工等 14 个项目开工建设，推动和信钢木家具制造改扩建、马尾源洪冷冻食品园等 17 个项目竣工。在 2023 年省市专项工作考评中位列全区第一名，省、市、区重点项目工作考评中位列全区第一名，市“项目攻坚增效年”专项行动工作考评中位列全区第二名。

【企业服务】 2023 年，投服中心为园区企业提供政务上门服务 489 次，使用“云代办”服务平台代办事项 55 件，帮代办事项 50 件。举办公积金对接会、银企对接会、“企业直通车进园区”、“工赋园区、数字未来”数字化诊断手拉手主题宣讲对接活动、长安园区预制菜产品手拉手对接会等活动，全年解决 10 家企业 19 名企业职工子女就近就学问题，协调 355 路公交改线等问题。

【园区管理】 2023 年，投服中心召开安全生产会议 8 次，举办应急救援知识讲座 3 场、用电安全及消防安全知识讲座 2 场，有 162 人次参加。推动园区企业开展“人人讲安全、个个会应急”网络知识竞赛和线上“逃生演练训练营”活动，开展消防救援专项演练 27 场。联合区直部门对液氨、涉尘、有限空间、厂中厂、园中园等重点安全领域的企业开展大检查，出动 179 人次，检查企业 103 家，发现安全隐患 27 条（处），整改率 100%。联合环保部门推进散乱污企业专项整治工作，整改散、乱、污企业 6 家。实行领导、干部包企责任制，完成食品安全企业督导 79 家。加强道路安全宣传教育，签订“双违”（违法超员和违法载人）交通安全承诺书、拒绝醉驾倡议书、公职人员拒绝醉驾承诺书等 120 多份，设立企业道路安全督导站 16 个。

（马尾区委党史和地方志研究室）

福州经济技术开发区马江园区

【概况】　福州经济技术开发区马江园区位于福州经济技术开发区中心地带，面积4.4平方千米（含福州保税区块0.6平方千米），是福州经济技术开发区最早开发建设的区域，于2014年全部被纳入福建自贸试验区福州片区范围，成为自贸区马尾片区核心区块。园区已形成金属压延制造业、水产品预制菜、海洋工程装备制造、软件服务等主导产业，重点发展海峡水产品交易中心、海峡·高新双创产业园、粤浦科技·福州科创中心等中高端产业集群。2023年，园区完成工业固投1.35亿元，35家规模以上工业企业完成产值222.61亿元，比上年增长3.4%，其中9家龙头企业（中铝瑞闽股份有限公司、昇兴集团股份有限公司、福州名成食品工业有限公司、福州和盛食品有限公司、福州大福有限公司、福建东南造船有限公司、福州格利沃防护有限公司、福建实达电脑设备有限公司、福建中日达金属有限公司）完成产值195.28亿元，增长6.03%，中铝瑞闽连续两年产值超过100亿元。

【招商引资】　2023年，马江企业服务中心完成粤浦科技·福州科创中心等招商项目3个，投资总额31.1亿元。

【园区低效用地盘活】　2023年，马江企业服务中心推动园区低效用地盘整。推动粤浦科技在马尾投资建设创新型硬科技产业园区，项目以新能源、新一代信息技术、高端装备制造等为主导产业，吸引相关高新技术企业，形成上下游高端产业集群。项目占地面积2.78公顷，容积率1.4～2.0，建筑密度30%～45%，绿地率15%～20%，建筑高度不高于50米，主要建设独栋厂房、多层厂房、定制厂房、研发中试楼、生产企业总部、生产服务设施用房等业态。推动长隆纺织公司以合作方式提高场地使用率，计划投资5亿元在公司原有厂区内建设预制菜产业基地、城市分配中心。

【安全生产管理】　2023年，马江企业服务中心开展重大事故隐患专项排查整治行动，出动检查人员110多人次到企业开展安全生产督查。实行基层消防“五加三”必查要求（即 “三合一”场所、弱势群体、火源、电动自行车、易燃材料等5个检查重点，畅通疏散通道、防火墙硬隔离、配备逃生面罩等3项措施），强化燃气、厂房、仓库、宿舍、厂中厂等重点领域安全监管，推动企业开展电动自行车消防安全综合治理。成立“安全生产月”活动领导小组开展2023年“安全生产月”活动，实行企业三级安全教育培训制度。

（马尾区委党史和地方志研究室）

福州综合保税区

【概况】 2023年，福州综合保税区位于福建自贸试验区福州片区内，总体规划面积0.66平方千米，东至长安港区10号码头、南至闽江、西至长安投资区长顺小区项目用地、北至国道104线。保税区内有海关注册企业70家，其中活跃企业21家。年内，完成工业固定资产投资4.73亿元，工业产值1.07亿元，实际进出口总额72.14亿元、比上年增长128.9%。其中，出口总额68.34亿元，比上年增长256.1%；进口总额3.79亿元。全年实现海关税收4787万元。

【主导产业】 2023年，福州综合保税区主导产业为“一平台一服贸两条产业链”。“一平台”，即跨境电商经济平台，包括跨境电商进口贸易和出口贸易，以福州航通供应链管理有限公司（纵腾集团控股子公司）、福州汇榕供应链管理有限公司等企业为支撑。“一服贸”，即保税服务，包括保税展示、保税维修、保税研发、保税租赁等，以益童乐贸易（福州）有限公司、福州经济技术开发区雅迪斯贸易有限公司、福州海盛龙船舶物资有限公司、福建宏顺融资租赁有限责任公司等4家企业为支撑，以“一日游”进出口业务为常态特色业态。“两条产业链”为视光学产业链和冷链食品加工产业链，视光学产业链以福建优你康隐形眼镜生产项目为代表；冷链食品加工产业链以中交（汉吉斯）、正福、钧天等冷链仓储、深加工企业的预制菜产业为代表。

【招商引资】 2023 年，福州综合保税区通过市级考评的招商项目 4 个，总投资 10.13 亿元，完成年度投资 7.85 亿元。其中励鼎水产品加工项目总投资 1 亿元，宏顺—国网增资扩股项目总投资 5.35 亿元，福建优你康增资项目实际增资港资 1036.75 万美元，中药膳生产及物流项目总投资 3.05 亿元。

【项目建设】 2023 年，福州综合保税区有重点建设项目 4 个。中药膳生产及物流项目规划拟用地面积 7200 平方米，新建仓库、厂房及配套设施，购置现代物流系统、自动化生产及温湿度监测等设备，建设药膳生产及仓储物流中心。中交冷链福州智慧产业园项目（原名汉吉斯冷链枢纽暨跨境电商项目）于 9 月投产，有味臻鲜等本地预制菜生产企业入驻园区。福州经济技术开发区雅迪斯贸易有限公司产品销往美国、加拿大、欧洲、澳大利亚、日本等国家和地区，全年完成出口总额约 3.65 亿元，实现产值 2504 万元。优你康—爱博诺德医疗增资项目由北京爱博医疗以 1.75 亿元认缴优你康公司新增注册资本，取得福建优你康公司 51% 股权，全年完成工业产值 8145 万元，引进第六、七条生产线。

【跨境电商发展】 2023 年 12 月，福州综合保税区跨境电商监管中心设立福州航通供应链管理有限公司（纵腾集团控股子公司）、福州汇榕供应链管理有限公司跨境电商监管场所，海关监管面积约 2.4 万平方米。全年完成进出口业务量 822.49 万票，比上年增长 44.45%；货值 14.87 亿元，增长 145.22%。完成纳入福州综合保税区统计的跨境电商进出口业务量 602.69 万票，增长 53.10%；货值 5.4 亿元，增长 32.58%。

【体制机制创新】 2023 年，福州综合保税区配合海关创新推出一条中亚到福建的国际班列多式联运跨境物流模式，建立企业在综保区内报关、口岸海关在边境验放、海关对货物实施“即到、即查、即放、即存”的全链条通关保障机制。8 月 9 日，保税进口的 649 吨高碳铬铁通过“国际货运班列 + 国内货运班列 + 公铁联运”方式从哈萨克斯坦运到福州综保区保税仓库，是福州综合保税区首票国际班列多式联运入境的货物，标志全新的国际物流通道开通。这条新通道的运输时间比旧通道缩短 20 天、费用减少 30%。

（马尾区委党史和地方志研究室）

仓山功能区

【概况】 福州新区仓山功能区规划面积 34 平方千米，其中核心区 14 平方千米，辐射三江口片区 48.4 平方千米。仓山功能区主要开展三江口片区、福州国际医疗综合实验区、自贸区南台岛区块和福州高新区仓山园等片区规划、征迁、建设、提升、创新、招商等工作。

2023 年，仓山功能区规模以上工业产值 181.19 亿元，比上年增长 16.3%。

【招商引资】 2023 年，仓山功能区聚焦生物医药等高新科技产业，采取产业链招商、以商招商等招商形式，引进产业链、供应链上下游项目。对接洽谈 100 余家企业，引进福建简而信生活服务有限公司（外资）、福建秋禾科技有限公司、军生健康产业（福建）集团有限公司、福州亲宜柔生物科技有限公司等项目。

【企业服务】 2023 年，仓山功能区开展“千名干部进千企”专项行动，累计走访服务中石油天然气销售分公司、华能、中交、麝珠明、金山制药、福尔流体、亚升石化、安光光电等企业 200 多家次，帮助协调中石油天然气销售分公司工商登记变更、闽运公司机动车安全技术检验资质认定、麝珠明公司扩大市场、闽波光电公司技改项目等问题 30 个，推动中交海峰风电公司纳入规模企业统计申报。承接省、市下放行政审批及公共服务事项，受理办结建筑类企业资质认定等行政审批事项377件；完成自贸区“证照分离”改革全覆盖试点等工作。

【重点项目建设】 2023年，仓山功能区引导园区企业开展自主提升项目申报工作，谋划福州国际医疗综合实验区万福创新园、佳宁生物科技研发中心、丰泉环保等3个自主提升项目，高盛、高仕片区工业用地提升增容。福建麝珠明股份有限公司提升改造项目、福顺半导体科技园项目落地动工，华能国际能源先行区（东南产业园）项目开展规划报批，以上3个项目总建设规模约30万平方米，建成达产后预计可实现新增年税收约3亿元。

【一区多园建设】 2020年12月，仓山功能区被列为福厦泉国家自主创新示范区福州片区“一区二十四园”建设工作考核单位（2021年起称“一区多园”建设）。2023年，仓山功能区培育优质高新技术产业，推动科技强企，引导、鼓励企业申报高新技术企业、科技型中小企业，着力培育科技孵化器、众创空间和科技龙头。福州中基能源公司、福州康福特机械设备公司被列入2023年度福建省科技“小巨人”企业，新增院士工作站1个、市级众创空间1个，新入选科技型中小企业25家。2023年园区有高新技术企业32家。2023年度“一区多园”考核中，仓山功能区在全市参评园区中排名第七，在福州新区参评功能区中排名第一。

【三江口片区建设】 2023年，仓山功能区三江口片区实施征迁项目18个，涉迁土地面积176.63公顷、涉征房屋面积75.25万平方米。三江口植物园一期等9个征迁项目全面完成，征迁土地66.87公顷，征收房屋12.14万平方米。实施建设项目71个，总投资额959.73亿元，完成投资额109.25亿元。其中，站后路等20个总投资123.78亿元的项目启动；江映澜苑等24个总投资368.76亿元的项目竣工。

【自贸区南台岛区块建设】 2023年，福州自贸片区南台岛区块推进改革创新、平台建设等重点工作，实际利用外资 3410 万美元，超额完成年度任务的 38%。

改革创新 “台商台胞金融信用证书贷款风险化解机制”“创新丰富数字人民币应用场景”及“税悦工作室”入选福建自贸试验区第 20 批创新举措，其中“台商台胞金融信用证书贷款风险化解机制”为全国首创性创新举措。收集汇总“仓山区涉台法务驿站”“福州医疗机构检查检验结果互认”“福州地铁 1、4 号线城门站双模盾构长区间掘进模式”等 33 条创新举措，申报第 21 批创新举措。

重点平台建设 2023 年，会展平台共举办展会活动 94 场，总面积

▲ 2023 年 11 月 22 日，2023 福州国际医疗综合实验区发展论坛暨专家聘任仪式在仓山功能区举行（福州新区仓山功能区 供图）

148.17 万平方米；1233 国际供应链管理平台交易额 390.53 亿元，其中进出口交易额 27.88 亿元；持续开展台创基地建设，先后举办海峡两岸民俗文化节、第八届海峡两岸青年英式橄榄球交流赛、第十六届陈靖姑民俗文化旅游节等对台特色交流活动 23 场，参与台胞 700 余人次。推进台胞住房保障工程，有 32 名台胞入住自贸区仓山区块内闽江世纪城台胞公租房。

【福州国际医疗综合实验区建设】 福州国际医疗综合实验区是由国家支持成立的全国第三个医疗政策先行先试区，核心区由仓山区块和长乐区块组成。其中，仓山区块核心区域位于福州新区仓山功能区，规划打造成现代医疗开放发展先行区、两岸医学医疗合作示范区、高端医疗服务生态样板区、生物医药科技创新引领区。2023 年，福州国际医疗综合实验区学习借鉴江西、海南等地先进经验和做法，推动台湾地区药械进口先行先试及 LDT（实验室自建检测方法）试点等政策向上申报，争取省级层面支持在实验区内建设福建省干细胞资源库（脐带血造血干细胞除外）。参与第十三届中国医疗器械监督管理国际会议，组织福州国际医疗综合实验区发展论坛暨专家聘任仪式等 5 场大型展会和论坛活动，聘任 106 名院士专家为福州国际医疗综合实验区智囊团成员，签约 4 个重点生物医药项目，总金额 18 亿元。

（仓山功能区管委会）

福州江阴港城经济区

【概况】 福州江阴港城经济区前身福州市江阴工业集中区成立于 2001 年 6 月，2017 年 8 月整合纳入福建自贸试验区福州片区保税港区。2022 年 12 月，福清市委、市政府将蓝色产业园委托福州江阴港城经济区代管。至此，福州江阴港城经济区形成江阴、新厝及蓝园等 3 个片区共同发展的格局。

园区规划面积279.59平方千米（含蓝园片区），是福建省石化发展规划“两基地一专区”的化工新材料专区，以发展化工原料多元化和新材料为主，以非炼化一体化的化工产业为特色。发展定位为：以新型功能材料、高性能结构材料和先进复合材料为重点，依托现有清洁能源、生物医药产业，形成以化工新材料为主导，以新能源、新材料、生物医药为补充的东南沿海重要临港产业基地。

2023年，福州江阴港城经济区规模以上工业产值811.63亿元，比上年增长31.26%；固定资产投资123.49亿元，工业固定资产投资97.31亿元。蓝园片区完成产值23.34亿元，工业固定资产投资11.74亿元。江阴港区“丝路海运”航线达8条，海丝航线6条，RCEP航线9条。内外贸航线62条，其中内贸航线34条、外贸航线28条。货物吞吐量4287.54万吨，增长11.45%；海铁联运到发箱量6.37万标箱，增长35.45%。

【项目建设】 2023年，福州江阴港城经济区有在建项目8个，竣工项目9个，新开工项目16个。

在建项目 年度计划投资28.8亿元，完成34.22亿元，完成占比118.75%。加快建设坤彩60万吨二氧化钛等8个项目，总投资约151.32亿元。蓝园片区年度计划投资5.45亿元，完成5.90亿元，完成占比108%。加快建设闽台（福州）蓝色经济产业园基础设施建设项目（一期）等2个项目，总投资约34.22亿元。

竣工项目 年度计划投资38.05亿元，完成49.14亿元，完成占比129.23%。建成万华25万吨TDI（甲苯二异氰酸酯）等9个总投资214.95亿元项目。蓝园片区年度计划投资3.14亿元，完成3.94亿元，完成占比125%。建成中铝瑞闽股份有限公司循环经济扁锭生产线项目等3个项目，总投资6.44亿元。

新开工项目 年度计划投资25.75亿元，完成29.93亿元，完成占比116.23%。国能（福州）热电有限公司二期（2×660兆瓦）超临界热电联产工程等16个项目开工，总投资183.04亿元。蓝园片区年度计划投资5.34亿元，全年完成7.52亿元，完成占比140%。福清市福鑫轮毂年产 90 万件高强度超轻量化锻造镁铝合金车轮项目等 3 个项目开工，总投资 49.08 亿元。

【基础设施建设】 2023 年，福州江阴港城经济区推进赤厝—华塘 220 千伏供电线路建设，年内建成 32 座，7 座塔基在建。推进江阴污水处理厂中期工程（一期）于 12 月底投入运营。启动 18.64 千米公共化工管廊、7 千米高压电力架空管廊建设。依托化工管廊推进污水“明管化”改造工程，已建成管道总长约 20.3 千米。在新厝、福州江阴港城经济区建设约 6100 套产业公寓；在蓝园片区筹划建设约 3000 套产业公寓。

实施综保区国际物流园区智慧仓储、扩建粮食仓库项目，推进海关监管设施、消防工程、道路工程、管道工程等基础设施提升改造。启动化工管廊、危化品运输车辆专用停车场、化工技能实训基地等公共设施建设。完成园区封闭化项目建设。建成并上线试运行集安全、环保、应急等于一体的智慧化工园区平台。

【土地利用】 2023 年，福州江阴港城经济区持续完善园区规划体系。完成国土空间规划，西部片区控规、安评、环评及产业发展规划（西部化工区）、供热专项规划修编，优化调整园区土地和产业布局（可新增用地 700 公顷）。在完成拆迁面积 21 万平方米的拓区一期的基础上，启动拆迁面积 52 万平方米的拓区二期征迁，两期共计可新增用地 226.67 公顷，其中化工用地 157.6 公顷。盘活存量土地，综合施策，运用“市场 + 行政”手段，结合“散乱污”整治进行“腾笼换鸟”，累计推进 386.67 公顷土地产业结构调整，完成 17 宗 175.8 公顷。推动约 453.33 公顷历史围填海地块的用海报批，进一步保障产业发展空间，其中 220 公顷万融新材料一体化项目用海获国务院批复。

【招商引资】 2023 年，福州江阴港城经济区完成万华化学 80 万吨 / 年 MDI（聚氨酯材料）技改扩能项目、福建福港置业有限公司福州港航国际物流中心项目、国能集团福清市过桥山垦区西港 400 兆瓦海上光伏电站等 26 个工业招商项目，总投资 436.56 亿元。

▲ 2022 年 2 月 24 日，新厝实验幼儿园投入使用。图为幼儿园外景 （江阴港城经济区管委会 供图）

【投融资服务】 2023 年，福州江阴港城经济区完成化工集聚区安全风险防控项目方案的编制和项目申报，获得应急部、财政部 1500 万元财政补助。申报 9 个专项债项目，其中 6 个项目获批发债，获批金额 52.47 亿元；5 个项目成功发行专项债 29.49 亿元。助力项目贷款，获批兴业银行授信额度 1.67 亿元、建设银行授信额度 1.75 亿元。

【开放合作】 2023 年，福州江阴港城经济区依托港口、综保区双重优势，加快建设整车服务平台和跨境电商平台等重点开放平台。引进上汽名爵和奇瑞捷途整车出口业务（含滚装出口与新能源汽车出口），首次打通车辆进出口双向通道，建成海关平行进口车查验场所。持续推进利达通、艾德森等跨境电商企业与京东、菜鸟等大型平台强化合作伙伴关系。

【人才建设】 2023 年，福州江阴港城经济区深化产教融合，推动人才培育。发挥福州江阴港城经济区化工产业学院、职工培训中心作用，推动企业与福州大学、福建农林大学和武夷学院等多所高校共建教学实训基地。在闽江师范高等专科学校海口校区开设应用化工和生物制药技术 2 个专业，共招生 213 人。

（江阴港城经济区管委会）

九大片区

九大片区

数字经济产业片区

【概况】 2023年，数字经济产业片区规划总面积33.30平方千米，分为南北两大区域。南片区面积4.05平方千米，涵盖中国东南大数据产业园，落地研发楼1～7期、均和云谷、芯云产业园等27个专业产业园区，累计注册落地省大数据集团、神州数码、达华智能、百度等数字经济企业960余家，注册资本超662亿元。北片区面积29.22平方千米，已建成集福州三中滨海校区、福州滨海实验学校、福州地铁智慧园等多功能于一体的产城融合社区。

【基础配套设施】 2023年，数字经济产业片区进一步提升城市基础设施建设水平，重点推进基础设施建设项目6个，总投资额22.64亿元。其中，东站南路连接线道路工程、福州滨海新城启动区环卫设施等项目竣工；文漳河综合整治工程、滨海新城空港污水处理厂、长乐区东区水厂水质提升工程等项目在建。

【重点项目建设】 2023年，数字经济产业片区承载福建省、福州市重点项目52个，年度完成投资75.57亿元。其中，福州外语外贸学院高中部鹤上校区、福州市德诚职业培训学校等9个项目建成投用，新开工建设福州市政务云数据中心、公共数智底座、福建政务云计算中心扩容等项目。

【招商引资】 2023年，数字经济产业片区落地智能汽车数字经济产业园、阿波罗智行、全聚合网安基地等重点招商项目43个，总投资额超200亿元。东南大数据产业园新增市场主体100家，合计注册资本47亿元。通过精准招商，推动福建省大数据集团及其8家子公司落户新区，并带动星汉智能、万福数字等关联项目落地，神州数码相关项目及其子公司落地。围绕智能网联汽车产业链，推动百度智能网联运营中心正式入驻智能汽车（东南）数字经济产业科创基地，汇集福建省智能网联产业相关业务，对接落地阿波罗智行科技、新唐信通公司，汉特云、金龙、轻舟智航等智能网联车辆投入测试。推动基金招商，成立5亿元数字经济产业基金，吸引大数据企业入园，设立10亿元招赢数字股权投资基金，赋能科技数字产业发展。

【中国东南大数据产业园研发楼六期、七期项目竣工】 2023年3月20日，中国东南大数据产业园研发楼六期项目竣工验收。项目位于金滨路以东、湖文支路以西、金滨一路以北，用地面积2.33公顷，总建筑面积约5.51万平方米，总投资约4亿元，主要建设5栋研发楼及相关配套设施。

2023年4月14日，中国东南大数据产业园研发楼七期项目竣工验收。项目位于湖文支路以南、金滨三路以东，金滨路以北，漳江路以西，用地面积约2.35公顷，总建筑面积约5.93万平方米，总投资约4亿元，主要建设5栋研发楼及相关配套设施。

【福州新区智能网联汽车道路测试启动】 2023年9月19日，福州新区启动智能网联汽车道路测试，标志福州新区成为全国首批智能网联汽车无人化、商业化政策落地先行区，福建省首个规模化智能网联道路建成区和自动驾驶场景落地示范区。

福州新区智能汽车产业科创基地位于福州新区滨海新城芯云产业园，占地4000平方米，集展览展示、人才培训、科创孵化等功能于一体，展示自动驾驶、智能网联前沿技术和发展前景，针对智能汽车关键技术、整车技术、虚拟仿真、智慧交通等领域开展教学实训，为福建省持续输送智能网联人才。

活动现场，福州市工信局发布《福州市智能网联汽车道路测试与示范应用管理实施细则》，福州新区发布开放路网及测试邀请，福州新区管委会向百度福州子公司、厦门金龙公司、轻舟智航公司 3 家单位发放首批自动驾驶网约车及公交车测试牌照。

【福建人工智能计算中心纳入全国人工智能算力战略体系】 2023 年 7 月，科技部发布首批国家新一代人工智能公共算力开放创新平台建设的批复通知，福建人工智能计算中心作为全国首批、全省唯一获批建设的国家新一代人工智能公共算力开放创新平台，纳入全国人工智能算力战略体系。项目总体规划算力 400P，其中一期算力 105P，每秒运算能力达 10 万兆次，相当于 50 万台高性能计算机同时运行。

▲ 2023 年 10 月 20 日，福州地铁智慧产业园项目完工。图为产业园航拍 （秦留阳 摄）

【福州地铁智慧产业园完工】 2023 年 10 月 20 日，福州市首个轨道交通主题产业园区——福州地铁智慧产业园竣工。项目位于长乐区鹤上镇福州轨道交通 6 号线横港车辆段内，总建筑面积 6.76 万平方米，包含 11 栋厂房及 1 栋后勤楼。园区规划打造集运行监测、人员管理、安全监管等功能于一体的智慧楼宇管理体系。

（数字经济产业片区指挥部）

临空经济产业片区

【概况】 临空经济产业片区包含北片区和南片区。北片区毗邻长乐国际机场，规划面积 65.70 平方千米，重点发展新型显示、先进半导体、纺织功能性新材料等产业，培育恒美光电、阿石创等龙头企业。发挥毗

▲ 2023 年 8 月，临空经济产业片区新型显示标准化（国际）园区重点项目——总投资约 25 亿元的福美显材贴合项目通过验收。图为项目航拍 （国际航空城管委会 供图）

邻机场优势，推进福州长乐国际机场综合保税区、福莆宁城际铁路、长乐机场二期扩建工程、福州光电产业集群、整车制造等关键重大项目建设。依托福米恒美产业园，向上游靶材、第三代半导体等先进半导体材料和新型显示材料，以及向下游显示面板厂商延伸，增强新型显示产业核心竞争力；依托永荣集团、新华源纺织集团等龙头企业加快打造世界级纺织功能性新材料产业基地。

南片区位于原滨海工业区二期、三期，规划面积 8.78 平方千米。依托原滨海工业集中区厚重产业基础，通过招大引强、兼并盘整，打造纺织功能性新材料、新能源、高端装备制造的产业聚集区。新材料产业，发挥恒申合纤、金纶高纤等龙头企业带动优势，加快前沿新材料的研发、测试等创新能力建设，完善新材料基础研究、应用转化、生产制造等全链条体系，重点发展差异化、功能性纺织新材料。新能源产业，积极推动风能、储能、清洁能源利用等为主导的新能源产业快速发展。

2023 年，临空产业片区（含南、北片区）规模以上工业企业 204 家，完成规模以上工业总产值 1225.54 亿元，比上年下降 5.4%；完成固定资产投资 200.06 亿元，下降 17.3%；完成工业固投 58.60 亿元，增长 14.9%。

（临空经济产业片区指挥部）

临港（松下）经济产业片区

【概况】 2023 年，临港（松下）经济产业片区共建设 20 个重点项目，计划总投资 443.70 亿元，年度计划投资 76.18 亿元。其中，产业项目 11 个，总投资 355.59 亿元，年度计划投资 24.5 亿元；交通基础设施项目 8 个，总投资 82.96 亿元；社会事业项目 1 个，项目总投资 5.15 亿元。2023 年实际完成投资 8.37 亿元。

【基础设施建设】 2023 年，临港（松下）经济产业片区推进松下港铁路专用线、福州港松下港区牛头湾作业区 4 号泊位工程、福州港松下港区山前作业区 17 号泊位工程等交通基础设施建设。福州港松下港区山前作业区 17 号泊位工程于 2023 年 6 月 13 日动工。该项目拟新建 1 个 5 万吨级通用泊位以及相应的配套设施，泊位岸线总长度 260 米，是集散杂货、集装箱业务于一体的通用泊位，陆域面积约 13.6 公顷，年设计通过能力 175 万吨。

【产业项目建设】 2023 年，临港（松下）经济产业片区推进中央储备粮长乐直属库有限公司粮食仓储物流项目、福建省储备粮管理有限

▲ 2023 年 6 月 13 日，福州港松下港区山前作业区 17 号泊位工程开工建设 （林熙 摄）

公司长乐直属库扩建项目、福州市长乐区松下镇长屿村海水养殖试点等产业类项目建设。中央储备粮长乐直属库有限公司粮食仓储物流项目于2023年9月14日建成并通过竣工验收，该项目是中储粮集团公司为保障粮食安全和宏观调控需要，批复建设的中央预算内国家重大建设项目，也是福建省重点工程。

【社会民生项目建设】　2023年，临港（松下）经济产业片区推进社会民生项目——成溪花园（松下安置房）建设。项目位于福州市长乐区松下镇，包含7栋12～18层住宅建筑、6栋功能建筑及1栋4层12

个班的幼儿园，项目总投资 5.15 亿元，建成后可提供 524 套安置房。年内已完成项目主体结构。

（临港经济产业片区指挥部）

国际医疗健康产业片区

【概况】 2023 年，国际医疗健康产业片区重点项目 20 个，其中产业类项目 9 个，社会事业类项目 8 个，基础设施类项目 3 个，总投资额 159.09 亿元；年计划投资 29.35 亿元，实际完成投资 26.72 亿元，完成年度计划的 91.03%，落后序时进度 8.97%；3 个项目已开工，6 个项目计划新开工，开工完成率 50%；竣工项目 6 个，计划竣工数 8 个，竣工完成率 75%。年内新增谋划生成项目 12 个，总投资 61.46 亿元，其中产业项目 5 个、基础设施项目 6 个、社会事业项目 1 个，计划总投资额 40 亿元以上的项目 1 个。

【基础配套设施】 2023 年，国际医疗健康产业片区共谋划生成 6 个基础设施项目，包括北湖路（万新路—南港西路）、福海路（文松路—渡湖路）、福州滨海新城安置房七期及文德医疗产业园周边配套道路工程、福州滨海新城金江路（福海路—万新路）道路工程、安置房十期周边配套道路、福海路（渡湖路—龙虎路），总投资约 49.02 亿元。其中，福州滨海新城安置房七期及文德医疗产业园周边配套道路工程已于 2023 年 12 月开工。

【项目建设】 **福建睿德医学检验实验室有限公司进驻国际医疗健康产业片区** 2023 年，福建睿德医学检验实验室有限公司正式落地福州新区国际医疗健康产业片区。该公司选址数字福建产业园 7 号研发楼，将设立医学检验实验室。

核子基因医学检验实验室及永康二级综合医院正式落地国际医疗健康产业片区 2023 年，经长乐区资规局、住建局、卫健局、文武砂街道、湖南镇项目联审会议研究同意，长乐区卫健局正式批复同意福建核子基因科技有限公司将其所属均和云谷滨海科创产业园研发楼用于设立医学检验实验室，同意福建远康投资有限公司将其承租的闲置房产用于设立营利性二级综合医院。

华山医院福建医院二期项目封顶 2023 年 12 月，华山医院福建医院二期项目主体结构全面封顶。该项目总建筑面积 88794 平方米，总投资约 10.9 亿元，包含感染楼、病房楼、科研楼等 3 栋主楼，以及 1 层地下室、1 栋室外配套垃圾房。二期项目共设置 700 张床位，建成后将作为国家区域医疗中心，立足滨海新城，辐射海西地区及境内外，为省内外公众和境外人士提供医疗、预防、保健、教学、培训、科研及学术交流服务。

【招商引资】 2023 年，国际医疗健康产业片区落地招商项目共 10 个，总投资金额约 23.7 亿元，包括上海机器人产业技术研究院福州创新中心暨福州新区医疗器械产业园、纽瑞特放射性药物研发生产基地、中科生创细胞库、宽腾医疗研发中心、盛康生物福建基地项目、海西新药产业化基地、福建睿德生物科技有限公司肿瘤基因检测项目、福州核子华曦医学检验实验室、福建远康二级综合性医院项目、宏滩生物机器人医学检测实验室等。

（国际医疗健康产业片区指挥部）

滨江滨海文旅产业片区

【概况】 2023 年 1 月，滨江滨海文旅产业片区指挥部正式成立，主要工作职责是统筹协调推进滨江滨海文旅产业片区工作，编制片区发展规划、建设计划，组织征地拆迁和土地开发；推进项目策划、招商、建设、运营。片区规划范围包括部分海域面积 131.54 平方千米，陆地面积 69.1 平方千米，海岸线长 69.7 千米，位于福州新区核心区东部、北部沿江沿海区域，西起历史文化名村琴江满族村，向闽江河口、东海沿岸延伸，至松下港区域。沿线包含郑和广场、金刚腿、猴屿番客小镇（省级全域生态旅游小镇）、闽江河口国家湿地公园（国家 AAAA 级旅游景区）、梅花古镇、网龙数字教育小镇、显应宫、长乐滨海旅游度假区（省级旅游度假区）、东湖湿地公园、下沙海滨度假村等重要景区景点。其中，福州海滨旅游区位于片区沿海区域，北起福州长乐国际机场南部，南接松下港，延绵沙滩 17 千米，2021 年入选中国首批“美丽海湾”案例名单。2023 年，福州海滨旅游区接待游客 400 余万人次，其中下沙海滨度假村“五一”国际劳动节期间游客量 23.1 万人次，跃居全省十大热门景点之一，国庆假期 6 天游客量超 30 万人次。

【规划编制】 2022 年 12 月，福州新区通过国际招标，由中标单位中国建筑设计研究院有限公司、天津华汇工程建筑设计有限公司、Sweco International AB 编制《福州海滨旅游区规划》。规划提出“一带三区”总体空间结构 + 旅游主题，“一带”即利用沿海一带优质沙滩岸线，围绕智能科技、时尚艺术和潮酷活动，形成“未来欢乐海岸”旅游品牌；“三区”即下沙片区以“闽都新海乡”为主题，面向逃离城市、享受身心放松和心灵升华的高端度假人群，打造新闽都风韵休闲度假村镇；东湖片区以“生态休闲湾”为主题，面向热衷生态科普、蓝绿运动和欢乐康养的悠闲养生人群，打造东湖生态新休闲康养天地；三营澳片区以“海丝文化港”为主题，面向追求多元娱乐、互动体验和全时享乐的大众度假客群，打造海丝文化创意新娱乐港湾。2023 年 12 月，完成《福州海滨旅游区规划方案》专家评审稿。

【项目建设】 2023 年，滨江滨海文旅产业片区围绕“吃、住、行、游、购、娱”等旅游配套保障需求及美丽海湾的建设目标，重点推进实施 95 个年度建设项目。截至 12 月底，项目基本建设完成，投资 29.5 亿元。重点建设项目包括海螺塔及周边既有建（构）筑物保护修缮工程、王母礁驿站、下沙沙滩修复及绿碳增汇、下沙路及连接线道路工程、滨江滨海路景观提升改造工程、滨海新城核心区沿海旅游基础设施建设工程等，基础配套设施建设项目包括下沙片区石厝房及广场修复、美食街及房车营地建设，王母礁片区妈祖阁环境提升、安全围栏建设、夜景灯光等。

【招商引资】 2023年，滨江滨海文旅产业片区按照“运营前置、招规结合”的原则，结合片区规划编制工作及时启动项目招商推介。8月28—29日，举办《福州海滨旅游区规划方案》咨询暨推介会。邀请8位专家、45家文旅企业代表共计60余人现场调研、献智献策。7月在香港、澳门，9月在广州分别举办“有福之州”2023福州文旅招商推介会，现场重点推介《福州海滨旅游区规划方案》招商项目。11月，赴浙江省、南京市等地调研有关文旅项目，参加第十三届艾蒂亚旅游项目投资大会，对接10余家文旅及投资企业。

【文旅活动】 **下沙记忆征集活动** 2023年4月14日，滨江滨海文旅产业片区指挥部启动“山海间 忆和鸣”下沙记忆征集活动，面向全市市民征集2021年以前与下沙相关的照片、视频、文字、老物件等形式的作品150件。征集活动唤起老福州人对下沙历史的美好回忆，为后续开放运营奠定基础。

下沙海滨度假村正式对外开放 5月1日，下沙海滨度假村正式对外开放。“五一”国际劳动节期间，下沙海滨度假村举办夏沙音乐节、沙雕艺术展、美食嘉年华、房车奇遇记等活动，5月1日开放当日吸引8万多名游客前来打卡。福州市委副书记、市长吴贤德赴现场察看活动开展情况及假日旅游市场秩序情况，对活动的开展表示肯定。“五一”国际劳动节期间，下沙海滨度假村游客量超过23万人次。

第三届新区趣味健康定向越野赛 5月13日，“礼赞二十大·奋进新征程”人型党日活动暨第三届新区趣味健康定向越野赛在福州海滨旅游区举办，320支队伍约960人参加。

2023中国沙滩足球巡回赛福州站 5月19日，2023中国沙滩足球巡回赛福州站在下沙海滨度假村正式开幕。本次赛事由中国足球协会主办，作为第一站福州站的比赛，共有来自福建省、浙江省、山东省、广东省

▶ 2023年8月18—20日，2023年首届闽台马术邀请赛在下沙海滨度假村举行。图为参赛选手（滨江滨海文旅产业片区指挥部 供图）

的6支队伍参赛，浙江省宁波市全讯代表队获得第一名。

“缘起情人礁·520宋制集体婚礼” 5月20日，“缘起情人礁·520宋制集体婚礼”在王母礁片区举行。来自福州不同地区的100对新人，共同参与一场“融合宋制婚俗与长乐婚俗”的大型集体婚礼。集体婚礼仪式线上直播浏览量超500万次。

“净海清沙行”主题活动 6月10日，下沙滨海度假村开启“净海清沙行”主题活动，向社会大众发起“环保向沙行”大型环保行动。活动包括“山海”限时艺术装置特展、海边环保专家分享会、海边环保垃圾清理行动、海边环保游戏嘉年华等环节。

2023福州青少年帆船邀请赛暨下沙帆船艺术节 7月1—4日，2023福州青少年帆船邀请赛暨下沙帆船艺术节在下沙海滨度假村海域拉开帷幕。来自全国帆船赛俱乐部的9支帆船代表队的100名运动员参赛。“中国大帆船航海第一人”魏军应邀出席并担任赛事总监。该次赛事被列为2023年度中帆协“小水手积分排名榜”银牌赛事。

第二十届台胞青年千人夏令营福建航海文化分营 7月17日，以“闽台情深·福海扬帆”为主题的第二十届台胞青年千人夏令营福建航海文化分营在王母礁驿站开营。来自台湾、大陆等近40所高校的大学生及在闽台胞青年 65 人参加。

第六届“海青杯”两岸青年棒球交流营 8 月 8—9 日，第十一届海峡青年节系列活动之第六届“海青杯”两岸青年棒球交流营在福州新区滨海新城体育公园举办。来自海峡两岸 70 余名青年参与活动，其中台胞 50 人。闽台青年以球会友，通过棒球架起两岸青年的交流桥梁。

首届闽台马术邀请赛 8 月 18—20 日，2023 年首届闽台马术邀请赛在下沙海滨度假村开赛。来自闽台两地 14 支队伍参赛。设快步地杆个人赛、场地障碍 30 厘米、60 厘米、90 厘米级别个人赛及团体赛、场地障碍 110 厘米级别个人赛及盛装舞步三级别个人赛项目。

美好假期·福州“嗨”浪露营节 9 月 27 日，“美好假期·福州‘嗨’浪露营节”在下沙启幕，现场揭晓全网票选的“福州 HOT10 露营地推荐榜单”，下沙房车奇遇记露营地上榜。首次公布 10 条露营二日游线路，串联县（市、区）旅游打卡点与 HOT 露营地，满足不同游客的出行需求。

▲ 2023 年 10 月 14—15 日，2023 全国桨板冠军赛在福州新区东湖举行。图为比赛现场 （滨江滨海文旅产业片区指挥部 供图）

活动配套假日艺术、赶海食光、星空派对、光影月夜等欢乐板块，营造一场集沙雕赶海、篝火晚会、赏月观影、烧烤美食于一体的海滨派对。国庆节期间，下沙海滨度假村策划“下沙摇滚之夜”“海边落日集市狂欢派对”等系列活动。

2023全国桨板冠军赛 10月14—15日，2023全国桨板冠军赛在福州新区东湖热闹开赛，来自23个省、5个自治区、4个直辖市超过100个高校和俱乐部的700多名桨板选手参赛齐聚东湖。该次赛事是2023年度级别、规格、水平最高的桨板赛事，在规定组别获得一定名次的选手，可申请运动员技术等级称号。

（滨江滨海文旅产业片区指挥部）

中央活力区功能片区

【概况】 2023年1月，福州新区中央活力区功能片区指挥部正式成立，主要工作职责是统筹协调推进中央活力区功能片区工作。中央活力区功能片区总面积10.81平方千米，分为东、西两个片区。东片区主要涉及漳港街道，总面积3.73平方千米，全部位于城镇开发边界内，已供地2.6平方千米，剩余约110.6公顷（已由美国SOM团队领衔规划，其中居住、商业等经营性用地约76.67公顷）。西片区主要涉及文武砂街道、古槐镇，人口约1.7万人（其中工厂工人约1.2万人、村庄居民4916人），总面积7.08平方千米，片区可用地空间有限，作为战略预留，远期规划作为企业总部区。

2023年福州新区核心区重点项目涉及中央活力区功能片区有29个，其中基础设施类项目12个、社会事业类项目7个、产业类项目10个，总投资373.06亿元，年度实际完成投资44.49亿元。

【基础设施建设】 2023年，中央活力区功能片区基础设施类项目有12个，包括福州市轨道交通6号线东调段工程、福州滨海新城CBD核心区输配环区域工程地下空间项目等在建项目 5 个，在建基础设施类项目年度实际完成投资额 17.64 亿元。5 个在建基础设施类项目中，CBD 区域—沙尾路以东支路网工程（一期）于 2023 年 9 月竣工验收。

【招商引资】 2023 年，中央活力区功能片区签约招商项目 4 个，包括福州新区公共停车经营权盘活项目、凯邦锦纶技术改造项目、宽腾医疗研发中心、福州新区智慧停车及充电桩一体化项目，总投资 3.54 亿元。结合土地招商、楼宇招商和以商招商，服务省供销社意向地块用途调整规划，积累多个意向项目，包括金茂悦 B 区 15 号短租公寓项目、中铁住宅和商业项目、欧洲航线外航代表处招商项目、福州市建发租赁项目、华住酒店租赁招商项目等。

【项目建设】 2023 年，中央活力区功能片区在建省、市重点项目 11 个，年度实际完成投资额 37.73 亿元。其中，福州市轨道交通 6 号线东调段工程完成 5 个车站主体结构封顶，2 个区间进行盾构掘进（万万区间、文十区间）；福州滨海新城 CBD 核心区输配环区域工程地下空间项目完成地铁 F1 线 B3 层 25 个结构段和 B2 层、B1 层 16 个结构段，地铁 6 号线 B4-B1 层 7 个结构段封顶。此外，推动福州十九中滨海校区、福建师范大学附属小学等项目建设实施，福州群众路小学滨海校区于 2023 年 9 月投入使用。

（中央活力区功能片区指挥部）

教育功能片区

【概况】 2023 年 1 月，福州新区教育功能片区指挥部正式成立，主要职责是组织编制片区规划方案、项目实施方案，制订片区建设工作阶段性目标、年度计划，开展片区招商引资，对接职教、产教研等各类教育资源落地，统筹协调推进教育功能片区各项工作。教育功能片区是福州新区职教城核心集聚发展区域，总面积约 2810 公顷，福平铁路东侧无基本农田区域为启动区，面积约 682 公顷。2023 年，福州新区教育功能片区重点项目共 19 个，其中基础设施类项目 8 个、社会事业类项目 6 个、产业类项目 5 个，总投资 193.39 亿元，年度完成投资 37.95 亿元。

【基础设施建设】 2023 年，教育功能片区基础设施建设涉及配套道路、天津大学福州国际校区学术交流中心等项目，总投资 27.72 亿元，完成投资 6.9 亿元。其中，南港西路（泽竹快速路—金江路）及接线道路工程、福州滨海新城天大片区支路网道路工程（福州新区职教城）竣工验收；福州盈合智慧园周边配套道路工程、洽屿路（东南快速—万新路）道路工程、金滨路（泽竹快速路—金江路）及接线道路工程、天津大学福州国际校区学术交流中心等项目基本完成。

【招商引资】 2023 年，教育功能片区引进集城市温泉酒店、休闲商业、商务办公于一体的滨海文旅温泉酒店项目。该项目位于滨海新城金滨路与新城路交会处，总投资约 4 亿元，用地面积 2.44 万平方米。

【项目建设】 2023 年，教育功能片区 19 个重点项目中，在建项目 9 个，总投资 57.55 亿元，年度完成投资 24.9 亿元，其中，阳光学院滨海校区项目地块一主体建筑建设基本完成，福州外语外贸学院滨海校区项目主体结构施工基本完成。新开工项目 5 个，总投资 98.4 亿元，年度完成投资 13 亿元。

（教育功能片区指挥部）

长乐城市更新功能片区

【概况】 长乐城市更新功能片区涵盖长乐吴航、航城老城更新区和首占、营前洞江湖生活片区，涉及吴航街道、航城街道、首占镇、营前街道等四个镇街。该规划区域面积 44.08 平方千米，约占长乐全区总面积的 6%。片区定位为旧村、旧城更新区及公共服务提升示范区。通过城市更新改造，完善城市生态系统，补齐城市基础设施短板，加强社交、文化等各类生活服务平台建设，全面提升新区城市综合实力、产业发展动力、城市宜居活力。

【基础配套设施】 在长乐城市更新功能片区境域内，沈海高速、地铁 6 号线、福平铁路、F1 快线以及国道 316 线贯穿片区，形成较为便利的对外交通网络。人文旅游资源方面，和平街历史文化街区、冰心文学馆、南山公园以及洞江湖公园等景点坐落于此。公共文化医疗方面，长乐区人民医院新院于 2023 年 9 月 16 日、长乐区中医院新院于 2023 年 10 月 23 日相继投入使用，长乐区“三馆三中心”（图书馆、档案馆、综合文化馆和妇女儿童活动中心、青少年活动中心、职工活动中心）于 2023 年末完成主体建设。商业服务方面，河下街、步行街、十洋国际城、万星影视城、永荣广场等商业圈相对完善。

【项目建设】 2023 年，长乐城市更新功能片区建设项目列入福州新区核心区重点项目有 53 个，总投资 394 亿元，年度计划投资 96.17 亿元，完成投资 89.59 亿元。其中，在建项目 26 个，总投资 232.94 亿元，年计划投资 65.33 亿元，完成投资 66.03 亿元，包括基础设施项目 4 个、社会事业项目 7 个、产业项目 15 个；计划新开工项目 15 个，总投资 120.70 亿元，年计划投资 30.83 亿元，完成投资 23.52 亿元，包括基础设施项目 4 个、社会事业项目 6 个、产业项目 5 个；前期项目 12 个，总投资 40.64 亿元，完成投资 0.04 亿元，包括基础设施项目 8 个、社会事业项目 2 个、产业项目 2 个。

【项目谋划】 2023 年，长乐城市更新功能片区谋划项目 9 个，总投资 35.23 亿元，包括首占新区星级酒店（鑫悦汇）、三木映秀等产业项目 2 个，旧城区交通治堵项目、国道 104 线长乐区长安至湖里段道路工程、岱岭隧道及连接线工程（二期）、片区基础设施提升完善工程（雨污分流）等基础设施项目 4 个，长乐区医疗卫生补短板项目（一期）、福州市长乐区餐厨和厨余垃圾处理项目、长乐区新区体育场改造提升项目等社会事业项目 3 个。

（长乐城市更新功能片区指挥部）

金梅潭综合配套功能片区

【概况】 金梅潭综合配套功能片区位于长乐东北部、闽江南岸河口段，北拥闽江河口国家湿地公园，东邻国际航空城，南接滨海新城中心区，片区规划面积 35.42 平方千米，研究范围 89.64 平方千米，人口数约 17.3 万人。金梅潭综合配套功能片区作为福州新区九大片区之一，纺织产业集聚，传统商贸发达，拥有闽江河口湿地、陈塘港等生态资源，具备发展的良好条件。同时，该片区作为临空经济区的综合配套和新区战略预留区，优先预留金峰、梅花、潭头部分用地，为福州新区可持续发展留出弹性空间，保障重点项目建设。

【片区规划】 2023 年，金梅潭综合配套功能片区指挥部编制《金梅潭片区规划与开发建设思路》，出台《金梅潭综合配套功能片区开发建设三年行动方案（2023—2025）》，提出高起点推进片区规划与建设、高水平实施生态保护与修复、高标准完善基础设施和公共服务配套建设、高品质凸显自然和人文魅力、高质量抓好重大项目谋划等五大方面 18 个具体措施。10 月 25 日，《金峰镇西片区（市政新区至纺织城）控制性详细规划》完成入库工作。规划范围为北至星光路，东至胪峰大道、莲柄港及金港路，南至纺织城区域，西至西环路及泽竹快速路，总用地面积约 311.22 公顷。总体布局规划结构为“一核、两带、四区”。“一核”即综合服务核心，“两带”指莲柄港生态景观带、金峰河—峰南河生态景观带，“四区”即三创产业社区、田园产业社区、智造产业社区、传统产业提升社区。规划形成“一横三纵”

骨干交通网络，“一横”为金港路（东西向），“三纵”自西向东依次为泽竹快速路、胪峰大道和金港路（南北向）。

【产业规划】 2023 年，金梅潭综合配套功能片区指挥部邀请福建中咨工程咨询有限公司编制《长乐金梅潭片区产业发展规划》，依托金梅潭片区现有产业发展基础以及民营企业家、民间资源资本积淀，以打造“中国花边谷・未来经编城”为总目标，着力培育“3+X”产业体系，即传统经编业升级、产业用纺织品、智能纺机及零配件等三大赛道和新型电子元器件、生命健康产业、生产性服务业等 X 个拓展。7 月 10 日，该规划经福州新区金梅潭综合配套功能片区工作专题会议通过。

【项目建设】 2023 年，金梅潭综合配套功能片区金峰镇启动区以智能总部产业园区、低碳生态产业园区、定制科技产业园区为主，集聚幼儿园、养老院、消防站等配套服务，策划生成产业类、道路类、生态类子项目 11 个，总投资额 95 亿元。闽江河口湿地国家级自然保护区生态修复和周边文旅产业开发项目完成地勘、测绘、建筑物结构安全鉴定工作，搭建现场项目部，开展博物馆周边景观施工。入海排口综合整治、梅花河清淤工程、下沙河清淤工程竣工验收。

【招商引资】 2023 年，金梅潭综合配套功能片区挖掘招商线索 17 条，引进落地项目 5 个，投资总额 8.67 亿元。其中，佳鑫金属公司主营汽车零部件再制造，销售新能源汽车整车电子控制系统、新能源汽车机电耦合系统、新能源汽车能量回收系统等，总投资额 5 亿元；福建新星航针织有限公司年产 1.5 万吨智能化、功能性化学纤维二期项目（技改扩建项目）建设年产 1 万吨服装面料生产项目厂房及配套附属设施，总投资额 1.81 亿元；福州三泰人力资源有限公司主要经营人力资源服务、商务代理代办服务、企业管理咨询、供应链管理服务等，总投资额 6000 万元。

（金梅潭综合配套功能片区指挥部）

附 录

附 录

机构及负责人名录

（截至 2023 年底）

中共福建省委福州新区工作委员会

书　记：陈云水

副书记：兰　文

　　　　张　帆

委　员：陈　斌

　　　　许用贵

　　　　叶　谊

专职委员：刘晓强

　　　　　程小马

福州新区管理委员会

主　任：兰　文

副主任：陈　斌

　　　　许用贵

中共福建省福州新区纪检监察工作委员会

书　记：叶　谊

副书记：李　强

委　员：何晓峰

陈美顺

福州新区党政办公室

主　任：徐　超

副主任：洪　梅（挂职）

侯贞钊

李　承

郑　恒

福州新区党群工作部

部　长：许开夏

副部长：陈　铄

金恩煌

福州新区经济发展局（统计局）

局　长：蔡峻林

副局长：董春雷

陈　玲（挂职）

郑文明（挂职）

林忠强

卢文达

林学挺（选调）

福州新区财政金融局

局　长：李育民

副局长：李　群

卓锴化（挂职）

福州新区产业促进局（新兴产业局）

局　长：林友华
副局长：徐　俊（兼职）
　　　　肖小阳
　　　　喻燕萍（挂职）
　　　　邹履传（挂职）
　　　　陈贤文
局长助理：许咪咪（挂职）

福州新区自然资源与规划局

局　长：林　强
副局长：兰祖向
　　　　高　岭
　　　　陈　峥（兼职）
　　　　张国玉（挂职）
　　　　李开平（挂职）
　　　　陈雯晖（兼职）

福州新区生态环境与城市建设管理局

局　长：杨　林
副局长：刘卫东
　　　　何晨东
　　　　郑　宇
　　　　陈　悠（挂职）
　　　　林　郁（选调）

福州新区行政审批局

局　长：聂晓梅

副局长：邱尚冰（挂职）

　　　　张慧勤（挂职）

　　　　陈茂贵

福州新区元洪功能区管理委员会

主　任：王新刚

副主任：钟江伟

　　　　陈立泉

　　　　薛　辉

　　　　林爱炎

福州（长乐）国际航空城管理委员会

主　任：陈　禺

副主任：陈　冰

　　　　江盛才

　　　　张　敏

先进表彰名录

2023 年福州新区获“鼓岭缘”中美民间友好论坛筹办工作嘉奖人员一览表

表 9

姓 名	职务	表彰单位
李扬阳	福州新区产业促进局（新兴产业局）综合协调处主管	中共福州市委、福州市人民政府

2023 年福州新区“好干部 兴福州”新区新城建设工作表现优秀者一览表

表 10

姓 名	职务	表彰单位
林 郁	福州新区生态环境与城市建设管理局副局长	中共福州市委、福州市人民政府
林连云（女）	福州新区党群工作部机关党委高级主管	中共福州市委、福州市人民政府

2023 年福州新区“好干部 兴福州”数字峰会工作表现优秀者一览表

表 11

姓 名	职务	表彰单位
卓 玮	福州新区产业促进局（新兴产业局）产业统筹处高级主管	中共福州市委、福州市人民政府

2023 年福州新区获“福州市建设现代化国际城市行动先进个人”称号者一览表

表 12

姓 名	职务	表彰单位
侯贞钊	福州新区党政办公室副主任	中共福州市委、福州市人民政府
李 奔	福州新区自然资源与规划局自然资源处主管	中共福州市委、福州市人民政府
黄小秋	福州新区生态环境与城市建设管理局建筑业处主管	中共福州市委、福州市人民政府

2023 年福州新区获全省住房和城乡建设系统先进工作者一览表

表 13

姓 名	职务	表彰单位
陈至诚	生态环境与城市建设管理局城市建设管理处高级主管	福建省住房和城乡建设厅

2023年福州新区获全省自然资源系统先进工作者一览表

表14

姓　名	职务	表彰单位
江　辉	福州新区自然资源与规划局自然资源处高级主管	福建省自然资源厅

2023年福州新区获世界航海装备大会筹办工作三等功者一览表

表15

姓　名	职务	表彰单位
王　辉	福州新区产业促进局（新兴产业局）科创产业处高级主管	中共福州市委、福州市人民政府

2023年福州新区获“福州市三八红旗手”称号者一览表

表16

姓　名	职务	表彰单位
林　焱（女）	福州新区行政审批局审批处高级主管	中共福州市委、福州市人民政府

2023年福州新区获市级表彰先进集体一览表

表17

荣誉称号	单位名称	表彰单位
福州市2023年项目攻坚落实年专项行动先进集体	福州新区自然资源规划局	中共福州市委、福州市人民政府
福州市建设现代化国际城市行动先进集体	福州新区元洪功能区管理委员会	中共福州市委、福州市人民政府

（福州新区党群工作部）

文献选编

国务院关于同意设立福州新区的批复

国函〔2015〕137号

福建省人民政府：

你省《关于申请设立福州新区的请示》（闽政文〔2014〕412号）收悉。现批复如下：

一、同意设立福州新区。福州新区位于福州市滨海地区，初期规划范围包括马尾区、仓山区、长乐市、福清市部分区域，规划面积800平方公里。福州新区区位条件优越，生态环境秀美，产业基础坚实，与台湾地区交流合作紧密，战略地位重要。要把建设好福州新区作为实施国家区域发展总体战略、贯彻落实国家支持福建省经济社会发展一系列重大政策的重要举措，实现在更高起点、更广范围、更宽领域推进海峡两岸交流合作，推动福建 积极参与、全面融入“一带一路”战略实施，努力培育新的经济增长极、与平潭综合实验区实现一体化发展。

二、福州新区建设，要全面贯彻党的十八大和十八届二中、三中、四中全会精神，按照党中央、国务院决策部署，坚持生态优先、科学开发，以深化海峡两岸交流合作为主线，以开放合作、改革创新为动力，率先探索新型城镇化道路，推进城乡一体化发展，努力把福州新区建设成为两岸交流合作重要承载区、扩大对外开放重要门户、东南沿海重要现代产业基地、改革创新示范区和生态文明先行区。

三、福建省人民政府要切实加强组织领导，明确工作责任，完善工作机制，加大支持力度，积极探索与现行体制协调、联动、高效的管理方式，积极稳妥扎实推进福州新区建设发展。要认真做好福州新区发展总体规划编制工作，规划建设必须符合土地利用总体规划、城市总体规划、镇总体规划、环境保护规划、水资源综合规划等相关专项规划的要求。要推动新区探索“多规合一”，优化空间布局，节约集约利用土地、林地、水、滩涂、湿地等资源，严格保护耕地和基本农田。涉及的重要政策和重大建设项目要按规定程序报批。

四、国务院有关部门要按照职能分工，加强对福州新区建设发展的支持和指导，在有关规划编制、政策实施、项目安排、体制机制创新等方面给予积极支持，帮助解决福州新区发展过程中遇到的困难和问题，营造良好的政策环境。

建设好福州新区，对于深化两岸交流合作、推动福建省经济社会发展和生态文明先行示范区建设，具有重要意义。各有关方面要统一思想，密切合作，勇于创新，扎实工作，共同推动福州新区持续健康发展。

国务院

2015 年 8 月 30 日

国家发展改革委关于印发福州新区总体方案的通知（摘要）

发改地区〔2015〕2057 号

为落实国家支持福建省经济社会发展的一系列重大政策举措，进一步深化和拓宽海峡两岸交流合作，在更高起点上加快建设闽江口金三角经济圈，全力推动福州科学发展、跨越发展，设立福州新区（以下简称新区）。根据国务院批准的《新区设立审核办法》，为推动新区高水平建设，制定本方案。

一、发展基础和重要意义

新区位于福州市滨海地区，初期规划范围包括马尾区、仓山区、长乐市、福清市部分区域，规划面积 800 平方公里，2014 年常住人口约 155.5 万人，地区生产总值 1041.4 亿元，地方财政一般预算收入 171.3 亿元。

（一）区位条件优越。

福州作为福建省省会城市，地处长三角与珠三角之间，具有与长三角、珠三角开展广泛合作，与东南沿海区域联动发展的地理优势，是海峡西岸经济区的重要增长极。福州也是我国首批 14 个沿海开放城市之一，与台湾地区隔海相望，经贸往来和人文交流源远流长，在深化两岸交流合作中具有重要地位。新区位于福州市沿海，随着向莆铁路开通运营、合福铁路建成通车，新区腹地范围进一步拓展，与中部地区开展经济合作的条件得到明显改善。

（二）港口设施完善。

福州港是全国沿海主要港口之一，也是对台直航试点口岸之一，拥有闽江口内、江阴、松下和罗源湾等港区，港口设施完善，2014 年货物吞吐量 1.19 亿吨、集装箱 222 万标箱。新区发展临港经济、深化对外经贸合作具有比较良好的条件。

（三）产业基础坚实。

新区工业较为发达，基本形成了以机械装备、冶金、食品、纺织、塑胶、医药、石化等为主体的产业体系，规模以上工业总产值占福州市的 1/3 以上。新区拥有保税物流园区、临空经济区、闽台（福州）蓝色经济产业园等多个特色园区。目前，新区内各主要园区均有一批重大项目正在开发建设，将为新区未来发展提供较强的动力。

（四）文化底蕴深厚。

福州是国家历史文化名城。经过 2200 多年的历史积淀，孕育出昙石山文化、船政文化、三坊七巷文化、寿山石文化等城市文化品牌，形成了“海纳百川、有容乃大”的城市精神，形成了“平静有序、和谐相安”的社会环境。深厚的文化底蕴和丰富的人才资源有利于新区人脉聚集和要素汇聚，是新区宝贵的无形资产。

（五）生态环境良好。

新区位于东海之滨，属典型的亚热带海洋性季风气候。新区自然生态环境条件优越，山水格局独特，森林覆盖率高，有着广阔的水体、肥沃的土壤以及丰富的湿地资源，海域辽阔，海岸线绵长，拥有福清湾、兴化湾等深水良港以及广阔的潮间滩涂，为新区打造富有特色和个性的生态文明城市提供了难得的自然优势。

加快新区建设，有利于在更高起点、更广范围、更宽领域推进海峡两岸交流合作，更好地促进两岸关系和平发展，服务祖国和平统一大业；有利于福建积极参与、全面融入“一带一路”战略实施，扩大对外开放，增强发展活力；有利于培育形成新的经济增长极，为全省加快经济社会发展作出积极贡献；有利于促进东南沿海区域联动发展，进一步提升沿海地区对内陆地区的辐射带动作用；有利于强化对平潭的腹地支撑作用，促进与平潭一体化发展；有利于深入推进福建省生态文明先行示范区建设，发挥新区对生态环境保护的示范引领作用。

二、总体要求

（一）指导思想。

全面贯彻党的十八大和十八届二中、三中、四中全会精神，按照党中央、国务院决策部署，坚持生态优先、科学开发，以深化海峡两岸交流合作为主线，以开放合作、改革创新为动力，率先探索 新型城镇化道路，推进城乡发展一体化，为推动两岸关系和平发展、全面带动福建省经济社会加快发展、促进福建省积极参与并全面融入"一带一路"战略实施作出更大贡献。

（二）战略定位。

1. 两岸交流合作重要承载区。发挥福州独特的优势，构建两岸对接的前沿平台，积极开展先行先试，推进对台合作政策机制创新，强化对平潭发展的腹地支撑作用，承接、放大平潭综合实验区功能，加强与台湾地区在经济、社会、文化等各领域的深度对接，促进榕台交流合作向纵深拓展。

2. 扩大对外开放重要门户。积极参与、主动融入"一带一路"战略，打造我国21世纪海上丝绸之路核心区的中心城市。大力发展开放型经济，探索新形势下对外开放的新模式。依托海关特殊监管区域等平台，加大对外开放力度，积极推动中国（福建）自由贸易试验区建设，尽快形成可复制、可推广经验。

3. 东南沿海重要的现代产业基地。推进产业转型升级，着力 发展高新技术产业和现代服务业，深度开发利用海洋资源，培育发展海洋新兴产业，壮大临港产业，实现新区建设与产业升级"双轮驱动"、协同推进，打造东南沿海重要的现代产业基地。

4. 改革创新示范区。深入落实创新驱动发展战略，按照国家 关于构建区域创新体系的部署，加快制定新区创新发展顶层设计，提升区域创新能力。探索落实创新驱动各项改革举措，在创新型人才吸引、科技成果转化、利益分配激励机制等方面先行先试，发挥新区示范带动作用。积极探索城乡一体化发展新模式，为全国城乡管理体制改革提供经验和示范。加快推进简政放权、放管结合、优化服务，打造更加国际化、市场化、法治化的公平、统一、高效的营商环境。

5. 生态文明先行区。强化生态文明理念，按照绿色循环低碳模式指导新区开发建设。全面优化新区国土空间开发格局，大力推动城镇化绿色发展。加快推进新区产业转型升级，推动循环化布局，对现有园区实施循环化改造，重点推进生产与生活系统的循环链接，全面促进资源节约利用。加大新区生态建设和环境保护力度，提升生态文明建设能力和水平。建立健全新区生态环境保护管理体制、生态补偿制度和资源有偿使用制度，推进新区经济社会与自然环境协调发展。

（三）发展目标。

到2020年，新区城市框架、高端产业、基础设施及生态体系初步形成，马尾新城区基本建成，重点产业园区、重要城市组团建设取得重大突破，经济社会持续健康发展，与平潭一体化发展格局基本确立，形成海峡两岸交流合作重要承载区。

到2030年，新区开发开放实现重大跨越，综合实力和国际竞争力、影响力显著提升，基本建成经济发达、社会和谐、生态优美的现代化新区，成为带动区域发展的重要引擎，生态文明建设水平显著提升，实现“机制活、产业优、百姓富、生态美”的有机统一。

三、功能分区

按照生产空间集约高效、生活空间宜居适度、生态空间山清水秀的要求，贯彻宜居新区、宜业新区、生态新区的理念，构建分工明晰、联系紧密、人与自然关系和谐的空间结构，形成各具特色的功能片区。初期规划建设范围主要包括中部、南部片区及北部片区部分区域。

——中部片区。该片区为新区核心区，与福州主城区构成市域双核，重点发展现代商贸、金融、科技研发、总部经济等高端服务业。三江口（城门片）不断完善行政办公、医疗文化等公共服务职能和商务办公、总部基地、商贸会展等生产服务业功能，建设形成马尾新城区中央服务区（CSD）；福州保税区重点发展国际贸易、保税仓储、城市物流配送、冷链物流、进口商品展示交易和总部经济，促进区域资源盘整和产业升级发展；福州临空经济区重点发展制造业、总部经济、保税物流、创意产业和航空配套服务业，适度发展商务会展、休闲旅游、酒店购物等产业，形成符合产业规划、布局合理、航空产业集聚突出的综合产业园区；滨海工业集中区形成基础设施完善、环境优美，以轻纺、化纤、高端信息技术为主体的千亿产业集群基地；长乐瀛洲炎山片建成三江口南岸具有滨江滨海特色，以商务旅游居住为主要功能的福州开埠区、长乐门户区。按程序申请设立福州空港综合保税区，推动形成集口岸通关、出口加工、保税物流、文化创意、综合服务等功能于一体的海峡西岸国际空港物流核心枢纽。

——南部片区。按照港城模式组织内部空间布局，发挥港口优势，通过基础设施和疏港干线建设，整合港口和岸线资源，依托江阴、松下港区建设，重点发展临港重化工、电子信息、机械制造、新能源、航运物流产业。闽台（福州）蓝色经济产业园推动海洋现代服务业集聚发展，形成以海洋文化创意、海洋信息服务、海洋科技服务为主导的现代海洋服务业发展体系，建成重要的现代海洋服务业集聚区；江阴工业集中区依托规模化的集装箱、散货深水港区，建成港口、产业、城市互动发展的现代港口城市；福清融侨经济技术开发区重点以开发区光电科技园为基础，以电子信息产业为依托，加快完善和延伸电子信息上下游产业链，构建产业循环式组合，壮大电子信息产业规模；福州市元洪投资区依托粮油食品、纺织化纤、轻工机械、能源精细化工等优势产业为主体的产业集群，打造以高新技术产业、科技研发、港口物流为主的产业基地和集产业、港口、生活功能为一体的综合滨海新城区；福州保税港区重点以汽车整车进口口岸为依托，积极打造汽车进出口贸易、汽车物流、整车改装、汽车配件以及相关金融、保险服务等汽车产业链，以福州外贸集装箱航线下移江阴为契机，充分发挥区港联动和港铁联运优势，实现港口、航运、物流和加工贸易联动发展。

——北部片区。围绕交通枢纽布局，重点发展滨海休闲度假、航运物流、特色都市农业等产业。琅岐岛依托旅游、生态产业开发建设，建成以旅游休闲度假、生态设施农业、滨海生态产业小镇为主体的生态良好、环境优美、宜居宜业的生态旅游岛。

四、重点任务

（一）构建两岸交流合作重要承载区。

强化两岸文化纽带和感情基础，深化民间交流，提升科教文化交流水平，积极培育具有持久影响力、广泛参与度、各方认同感的两岸交流品牌。以榕台青年交流为主题，精心组织举办青年交流活动，进一步做强船政文化等文化交流品牌，发挥新区作为海峡两岸经贸交流的重要平台和对台经贸政策先行先试的重要窗口作用。

充分利用福州与台湾之间地缘相近、血缘相亲、文缘相承、商缘相连的优势，通过建设对台航运中心、对台航空联系枢纽、对台信息交流中心，努力将新区建设成为两岸交流往来、直接“三通”的便捷高效的综合枢纽。

拓展产业合作平台，把握台湾地区最新产业发展动向，推进与台湾产业深度对接、融合发展，推动榕台商业、金融、物流、通信、环境、旅游、文化等行业扩大市场开放、加强交流合作。

推进与平潭一体化发展。探索建立以产业园区为载体的合作共建发展模式，加强基础设施网络对接，推动生态环境共建共护、公共服务合作共享，联手打造生活工作便利、生态环境优美、宜居宜业宜游的优质生活圈。

（二）建设扩大对外开放重要门户。

服务福建省打造21世纪海上丝绸之路核心区的战略目标，在21世纪海上丝绸之路海上合作战略支点建设中发挥重要作用，重点推进与海上丝绸之路沿线国家和地区港口城市的交流合作，加强与东盟国家的合作联动，探索建设经贸合作示范园区，推进友好城市建设。整合资源、优化分工，充分发挥新区港口优势，加快港口及集疏运体系建设，提升港口综合服务能力，建设较为完善的国际航运物流网络，充分发挥港口对城市及区域发展的辐射带动作用。完善开放型经济体系，提升对外开放水平，搭建国际交流平台，构建全方位、宽领域、多层次的对外开放格局。以建设更高水平的开放经济体为目标，深化涉外行政管理体制改革，构建高效营商服务体系，促进投资贸易便利化。

（二）打造东南沿海重要现代产业基地。

大力发展现代物流、总部经济、金融业、服务外包、高端商贸、电子商务、专业会展、特色旅游等现代服务业。建设海峡西岸先进制造业基地，大力发展高端电子信息制造、新能源装备、新材料、汽车及配套产业、精细化工、纺织服装等产业。培育海洋新兴产业，大力发展高端海洋装备、海洋生物医药食品、海洋工程材料等产业。做大做强文化产业，大力发展文化旅游、动漫游戏、信息服务、数字出版、文化娱乐等产业。

（四）探索全面创新改革路径。

推进对台合作政策和体制机制创新，按照有关规定和程序设立营商服务专职机构，创建良好的营商环境，推动金融、航运、商贸、通信、文化等服务业扩大对台开放，支持台湾公益机构在新区设立服务平台。完善自主创新体系，构建区域创新联盟，打造创新平台，探索创新发展政策机制。推进城乡管理体制改革，优化城乡一体化管理格局，按照城乡建设用地增减挂钩要求盘活存量闲置建设用地，率先推进城乡基本公共服务均等化，深化强镇扩权改革。

（五）促进区域协调发展。

提升福州中心城市服务功能，发挥新区科技、人才、金融、资本等方面的聚集效应和资源整合优势，提升公共设施服务能力及现代化城市管理水平，全面增强在全省的引领、带动和辐射作用，为闽中、闽东北乃至全省发展提供优质服务。推动罗源、连江等区域开发建设，促进周边地区一体化发展，实现新老城区协调发展、整体提升，推动新区与西部山区开展山海协作，打造福州大都市区，进一步增强省会中心城市的集聚辐射和龙头引领作用。

落实国家区域发展总体战略，进一步深化区域协作，推进新区与内地城市的重大交通基础设施对接，支持新区与内地城市开展跨区域口岸合作，搭建内地城市与台湾投资机构的合作平台，探索“产业飞地”新模式，鼓励和支持新区与中西部地区共建进口资源加工基地和出口产品生产加工基地，带动内陆省份开放发展。深化与珠三角、长三角合作，加强基础设施互联互通，以产业合作发展为平台，以统一大市场建设为重点，构建东南沿海联动发展格局。

（六）推进新型城镇化建设。

以人的城镇化为核心，合理引导人口流动，有序推进农业转移人口市民化。科学组织城镇空间布局，统筹生产区、办公区、生活区、商业区等功能区规划建设，推进功能混合和产城融合。优先发展绿色社区，合理规划建设社区立体绿化网络，倡导绿色生活和绿色消费模式，建立完善的社区环境管理体系和公众参与机制。高水平推进小城镇发展，完善公共服务功能，增强小城镇综合承载能力引导有条件的城关镇加快建设，形成支撑新区发展的次中心城市。促进城乡共同繁荣，统筹城乡规划建设，加快农业发展方式转变，以服务城市、繁荣乡村、美化城乡、富裕农民为导向，建立都市型现代农业产业体系，发挥都市农业生态功能，建设新区绿色生态屏障。强化节约集约用地，高标准建设城镇环保、水利等基础设施，建设高效城市交通网络，完善城市防灾减灾体系。

（七）建设绿色新区。

编制实施新区环境总体规划，明确新区基本生态控制线，确保基本生态控制线控制范围面积不低于新区面积 50%，森林湿地面积得到扩大。科学规划新区生态功能结构，形成“生态屏障—生态绿核—生态廊道—生态节点—城市绿地”的生态安全和景观格局。集约节约利用土地资源，坚持开发服从保护的用地原则，合理安排新区建设用地规模，科学引导各类用地结构和布局。高度重视海洋生态文明建设，保护滨海湿地、滩涂、河口、海湾，禁止在重要的滨海湿地、福清湾等重要海湾开展可能危及生态系统功能和安全的开发建设活动。划定河道管理范围，加强对新区河湖水域的保护、治理和恢复，防止侵占河湖水域、滩地等行为。合理利用河湖水域和海洋岸线资源，确保完成海洋功能区划确定的自然岸线保有率，科学设计岸线功能整合和开发利用方案，确保自然岸线比例不低于 59%。坚持开发与保护并重，按照临海工业和港口仓储业的总体布局，在土地利用总体规划的建设用地总规模控制下，适度开展围填海。坚持民生优先，保有不低于 7% 的农渔业岸线，加强国家级水产种质资源保护区建设，加大水生生物增殖放流力度。优先保护环境，全面落实节能减排目标责任制，强化节能减排强制约束机制，合理控制能源消费总量，确保新区工业达到清洁生产先进标准。加强新区噪声污染控制，通过合理规划布局和隔离带建设，预防和减少噪声污染。

国家发展改革委
2015 年 9 月 13 日

国务院关于同意设立中国（福建）自由贸易试验区的批复

国函〔2014〕178号

福建省人民政府、商务部：

你们关于设立中国（福建）自由贸易试验区的请示收悉。现批复如下：

一、同意设立中国（福建）自由贸易试验区。

二、中国（福建）自由贸易试验区涵盖平潭片区、厦门片区、福州片区，总面积118.04平方公里（具体四至范围见附件）。福建省人民政府要抓紧开展中国（福建）自由贸易试验区地块的落桩定界工作，经国土资源部、住房城乡建设部审核验收后报国务院备案，由商务部、国土资源部、住房城乡建设部负责发布。

三、中国（福建）自由贸易试验区内的海关特殊监管区域的实施范围和税收政策适用范围维持不变。平潭综合实验区税收优惠政策不适用于中国（福建）自由贸易试验区内其他区域。

四、福建省人民政府、商务部要会同有关部门抓紧制订《中国（福建）自由贸易试验区总体方案》报国务院。

中华人民共和国国务院

2014年12月31日

附件

中国（福建）自由贸易试验区四至范围

一、平潭片区共43平方公里

四至范围：港口经贸区块16平方公里，东至北厝路、金井三路，南至大山顶，西至海坛海峡，北至金井湾大道。高新技术产业区块15平方公里，东至中原六路，南至麒麟路，西至坛西大道，北至瓦瑶南路。旅游休闲区块12平方公里，东至坛南湾，南至山岐澳，西至寨山路，北至澳前北路。

二、厦门片区共43.78平方公里

四至范围：两岸贸易中心核心区19.37平方公里，含象屿保税区0.6平方公里(已全区封关)、象屿保税物流园区0.7平方公里(已封关面积0.26平方公里)。北侧、西侧、东侧紧邻大海，南侧以疏港路、成功大道、枋钟路为界。东南国际航运中心海沧港区24.41平方公里，含厦门海沧保税港区9.51平方公里（已封关面积5.55平方公里）。东至厦门西海域，南侧紧邻大海，西至厦漳跨海大桥，北侧以角嵩路、南海路、南海三路和兴港路为界。

三、福州片区共31.26平方公里

四至范围：福州经济技术开发区22平方公里，含福州保税区0.6平方公里（已全区封关）和福州出口加工区1.14平方公里（已封关面积0.436平方公里）。马江－快安片区东至红山油库，南至闽江沿岸，西至鼓山镇界，北至鼓山麓；长安片区东至闽江边，南至亭江镇东街山，西至罗长高速公路和山体，北至琯头镇界；南台岛区东至三环路，南至林浦路，西至前横南路，北面以闽江岸线为界；琅岐区东至环岛路，南至闽江码头进岛路，西至闽江边，北面以规划道路为界。福州保税港区9.26平方公里（已封关面积2.34平方公里）。A区东至西港，南至新江公路，西至经七路，北至纬六路；B区东至14号泊位，南至兴化湾，西至滩涂，北至兴林路。

国务院办公厅关于支持国家级新区深化改革创新加快推动高质量发展的指导意见

国办发〔2019〕58号

各省、自治区、直辖市人民政府，国务院各部委、各直属机构：

国家级新区（以下简称新区）是承担国家重大发展和改革开放战略任务的综合功能平台。自上世纪90年代以来，新区建设发展取得了显著成效，但也不同程度地面临规划建设不够集约节约、主导产业优势不够突出、管理体制机制不够健全、改革创新和全方位开放不够深化等问题。为促进新区加大创新创业力度，加强改革系统集成，扩大高水平开放，打造实体经济发展高地，引领高质量发展，经国务院同意，现提出以下意见。

一、总体要求

（一）指导思想。

以习近平新时代中国特色社会主义思想为指导，全面贯彻党的十九大和十九届二中、三中、四中全会精神，坚持稳中求进工作总基调，坚持新发展理念，坚持以供给侧结构性改革为主线，突出高起点规划、高标准建设、高水平开放、高质量发展，用改革的办法和市场化、法治化的手段，大力培育新动能、激发新活力、塑造新优势，努力成为高质量发展引领区、改革开放新高地、城市建设新标杆。

（二）基本原则。

——实体为本，持续增强竞争优势。把推动制造业高质量发展放在突出位置，深化供给侧结构性改革，对接国际标准，适应发展趋势，遵循市场化原则，科学培育并紧紧围绕主导产业，突破一批关键核心技术，培育新业态新模式，促进新旧动能顺畅转换，做实做强做优实体经济。

——刀刃向内，加快完善体制机制。坚持向改革创新要动力，赋予新区更大改革自主权，发挥综合功能平台优势，加强改革系统集成探索，巩固在解决体制性障碍、机制性梗阻和强化政策性创新等方面取得的改革成果，注重各项改革协调推进、相得益彰，推动制度优势转化为治理效能。

——主动对标，全面提升开放水平。支持新区率先复制自贸试验区改革开放经验，对接国际先进规则，深度参与全球产业分工，在更深层次、更宽领域，以更大力度推进全方位高水平开放，不断提升国际市场影响力和竞争力。

——尊重规律，合理把握开发节奏。保持历史耐心和战略定力，高质量高标准推动新区规划建设。准确定位、突出优势和特色，处理好有所为与有所不为、先为与后为、快为与慢为的关系，尊重城市发展规律，合理把握开发节奏，促进绿色低碳发展，坚决防止盲目建设和无序扩张。

二、着力提升关键领域科技创新能力

（三）打造若干竞争力强的创新平台。深入实施创新驱动发展战略，促进科技与经济深度融合，重大科技创新和大众创业万众创新相互推动。高水平建设上海张江综合性国家科学中心、天津国家自主创新示范区，进一步释放天津滨海—中关村科技园、成都科学城等创新平台活力。鼓励高校、科研院所优先在新区设立科研中心、研发机构等，国家重大战略项目、科技创新—2030 重大项目等优先在有条件的新区布局，鼓励建设主导产业协同创新公共服务平台和工程数据中心，建设国家大科学装置和国家科技创新基地。鼓励由优秀创新型企业牵头，与高校、科研院所和产业链上下游企业联合组建创新共同体，建设制造业创新中心，围绕优势产业、主导产业，瞄准国际前沿技术强化攻关，力争在重大“卡脖子”技术和产品上取得突破。

（四）完善创新激励和成果保护机制。健全科技成果转化激励机制和运行机制，支持新区科研机构开展赋予科研人员职务科技成果所有权或长期使用权试点，落实以增加知识价值为导向的分配政策，自主开展人才引进和职称评审。健全知识产权创造、运用、管理、保护机制，加强知识产权保护、运营服务、维权援助、仲裁等工作力量，鼓励和支持企业运用知识产权参与市场竞争，打造一批拥有知名品牌和核心知识产权的优势企业。

（五）积极吸纳和集聚创新要素。支持新区探索更加开放便利的海外科技人才引进和服务管理机制，建设海外人才离岸创新创业基地。允许高校、科研院所和国有企业的科技人才按规定在新区兼职兼薪、按劳取酬。支持有条件的新区开展优化非标准就业形式下劳动用工服务试点。充分利用首台（套）重大技术装备示范应用等政策措施，通过政府采购等方式，促进重大创新成果市场化应用和规模化推广。鼓励省级层面对新区创新平台基础设施建设、实验设备购置等予以补助，加大投入力度。鼓励创投、风投和各类产业投资基金加大对新区企业“双创”支持力度。

三、加快推动实体经济高质量发展

（六）做精做强主导产业。引导新区大力改造提升传统产业，培育壮大优质企业，加快引进先进制造业企业和产业链龙头企业。深入实施新一轮重大技术改造升级工程，完善企业技改服务体系，支持制造业企业运用新技术新工艺新材料新模式，加速向智能、绿色、服务型制造转型升级，推动制造业迈向中高端。瞄准产业链关键环节和突出短板，实施先进制造业集群培育行动，推动制造业强链补链固链，打造更强创新力、更高附加值的产业链。实施现代服务业优化升级行动，推动先进制造业和现代服务业深度融合发展。鼓励金融机构按照市场化原则，增加对新区制造业企业的中长期贷款和信用贷款投放规模。

（七）培育新产业新业态新模式。支持新区加快发展战略性新兴产业，培育发展一批特色产业集群，提高专业化和创新发展水平，培育一批具有全球竞争力的“瞪羚”企业、新领军者企业、专精特新“小巨人”企业和细分领域“单项冠军”企业。加快推动区块链技术和产业创新发展，探索“区块链+”模式，促进区块链和实体经济深度融合。

（八）精准引进建设一批重大产业项目。支持具备条件的新区建设制造业高质量发展国家级示范区、新型工业化产业示范基地，有针对性地引导外资项目和国家重大产业项目优先在新区布局。推动中西部和东北地区新区与东部地区建立精准承接制造业产业转移长效机制，探索完善地区间投入共担、利益共享、经济统计分成等跨区域合作机制，采取共建园区等形式深化产业合作。

四、持续增创体制机制新优势

（九）优化管理运营机制。优化新区管委会机构设置，健全法治化管理机制，科学确定管理权责，进一步理顺与所在行政区域以及区域内各类园区、功能区的关系。允许相关省（区、市）按规定赋予新区相应的地市级经济社会管理权限，下放部分省级经济管理权限。研究推动有条件的新区按程序开展行政区划调整，促进功能区与行政区协调发展、融合发展。创新完善新区管理机构选人用人和绩效激励机制，经批准可实施聘任制、绩效考核制，允许实行兼职兼薪、年薪制、协议工资制等薪酬制度。

（十）打造一流营商环境。复制借鉴京沪两地优化营商环境先进改革举措，进一步转变政府管理理念和方式，在深化“放管服”改革方面走在前列。开展体现新区特点的营商环境评价，下硬功夫打造好发展软环境。持续深化商事制度改革，大幅压缩企业开办时间。开展“证照分离”改革，重点是“照后减证”，对确需保留的工业产品生产许可开展“先证后核”等改革。提升“互联网+政务服务”水平，强化省级层面对相关数据交换和数据服务的支撑，推动将具备条件的政务服务事项全面纳入全国一体化在线政务服务平台办理。健全制度化监管规则，实施以“双随机、一公开”监管为基本手段、以重点监管为补充、以信用监管为基础的新型监管机制，完善与创新创业相适应的包容审慎监管方式。

五、推动全方位高水平对外开放

（十一）进一步增强国际竞争力。引导新区企业树立精益管理理念，推广先进生产管理模式，对接国际通行经贸规则、高端标准和品质要求，提升企业核心竞争力。支持新区建设国际合作园区，鼓励采取“一园多区”等模式，承接重大外资项目，积极引进跨国公司地区总部和研发、财务、采购、结算等功能性机构。支持有条件的新区开展资本项目收入结汇支付便利化试点。鼓励新区共同搭建招商平台，开展联合招商，形成规模效应，提高引资水平。

（十二）提升投资贸易便利化水平。鼓励新区在政府职能转变、投资贸易便利化等重点领域加大改革力度，充分发挥引领示范作用。支持新区结合实际按程序复制推广自贸试验区改革创新经验。支持在确有发展需要、符合条件的新区设立综合保税区，建设外贸转型升级基地和外贸公共服务平台，推进关税保证保险改革。推动国际货运班列通关一体化，在有效监管、风险可控的前提下，研究依托内陆国家物流枢纽实行启运港退税的可行性。支持新区发展跨境电子商务，复制推广成熟经验做法。

六、高标准推进建设管理

（十三）加强规划统领与约束。推动各新区尊重科学、尊重规律、着眼长远，高质量编制发展规划。严控开发强度，实施建设用地总量和强度双控，注重规划留白留绿。建立新区各类规划统筹协调机制，强化规划实施相关保障措施，实现“多规合一”，实行网格化、信息化和精细化管理，确保规划严肃性、权威性，一张蓝图干到底。

（十四）探索高品质城市治理方式。深入推进智慧城市建设，提升城市精细化管理水平。优化主城区与新区功能布局，推动新区有序承接主城区部分功能。提高新区基础设施和公共服务设施建设水平，增强教育、医疗、文化等配套功能，率先全面执行绿色建筑标准，推进海绵城市建设，把宜居、绿色、便利等理念体现到规划建设的各个细节，创造体现品质和文化底蕴的生产生活环境。坚持房子是用来住的、不是用来炒的定位，落实职住平衡要求，严禁大规模无序房地产开发，支持合理自住需求，坚决遏制投机炒房行为。支持有条件的新区创新生态环境管理制度，推动开展气候投融资工作，提高生态环境质量。

（十五）创新土地集约利用方式。坚决落实节约集约用地政策，强化开发强度、投资强度、产出强度、人均用地指标等要求。建立“人地挂钩”、“增存挂钩”机制，鼓励探索土地利用全生命周期管理制度。有关省（区、市）在安排年度新增建设用地等指标时，要充分考虑和保障新区重大项目用地需求，支持符合条件的重大建设项目纳入耕地占补平衡国家统筹。在坚持和完善工业用地招标拍卖挂牌出让制度的基础上，创新“标准地”出让、弹性出让、先租后让等工业用地配置方式。因城施策调整用地功能分区，适度增加混合用地供给。

七、组织实施

（十六）落实主体责任。有关省（区、市）人民政府要加强组织领导，明确工作责任，狠抓任务落实，加大力度支持新区高质量发展相关工作。在确定本省（区、市）年度财政预算支持规模时，要充分考虑国家级新区承担重大改革发展任务需要，强化财力支持保障。各新区要发挥主体作用，主动作为、锐意创新，完成好重大改革创新任务，探索可复制可推广的经验做法。要建立健全激励机制和容错纠错机制，培养担当敬业、干事创新的干部队伍。

（十七）加强指导支持。坚持和加强党的全面领导，把党的领导贯穿于新区建设发展全过程。有关部门要按照职能分工，在规划编制、政策实施、项目布局、资金安排、体制创新、试点示范、扩大开放等方面对新区予以积极支持。在有效防控风险的前提下，加大地方政府专项债券对新区建设发展的支持力度。国家发展改革委要会同有关方面强化统筹指导，建立健全统计体系，完善监测评估办法，加强动态跟踪和科学评估，协调解决新区遇到的困难和问题。重大事项及时向国务院请示报告。

国务院办公厅

2019 年 12 月 31 日

索引

索 引

主题索引

说明

一、本索引采用主题词分析法，按主题词首字汉语拼音字母（同音字按声调）顺序排列，数字、字母和标点开头的主题词排在前面。后附表索引。

二、类目、分目标题用黑体字。索引主题词后的数字表示内容页码。

三、图片、专记、大事记、附录内容不作索引。

四、空一字起排的款目为其所在的分目或栏目。

A

安全生产管理 243

B

滨海高速一期工程 167
滨江滨海文旅产业片区 265

C

财政金融 158
仓山功能区 246
产业创新平台 139
产业发展 117
产业发展
　中国（福建）自由贸易
　　试验区福州片区 224
　元洪投资区 232
　国际航空城 235
产业规划 275
产业合作平台 108
产业链招商 150
产业项目建设 262
城际铁路 F2、F3 线 168
城市管理 183

城市规划 175
城市轨道交通 168
城市建设与管理 175
存量资产盘活 151
长乐城市更新功能片区 272
长乐国际机场二期项目建设 236
长乐华侨中学滨海校区 206
长乐师范附属小学滨海校区 205

D

大东海集团 129
大气污染防治 196
党员和党组织 214
党政事务 213
地铁 6 号线 169
地铁 6 号线东调段 169
地形地貌 85
电子信息产业 120
东湖滨海生境生态修复工程 194
东湖湿地启动区生态修复工程 193
东南沿海重要的现代产业基地 94
队伍建设 217
对外开放 107
对外开放［中国（福建）自由贸易试验区福州片区］ 226
“多廊多园”生态格局 195

F

发展历程 83
法治化建设 223
防护林建设 188
纺织化纤产业 126
纺织类工业互联网平台 140
福建阿石创新材料股份有限公司 121
福建贝瑞基因数字生命产业园 124
福建博那德科技园开发有限公司 125
福建东龙针纺有限公司 128
福建金源纺织有限公司 126
福建人工智能计算中心纳入全国人工智能算力战略体系 259
福建省大数据集团有限公司 118
福建省福能海峡发电有限公司 122
福建省恒申合纤科技有限公司 126
福建省数字福建云计算运营有限公司 119
福建吴航不锈钢制品有限公司 129
福建雪人股份有限公司 125
福建永丰针纺有限公司 127
福建永荣锦江股份有限公司 127
福建御冠食品有限公司 130
福建元成豆业有限公司 130
福建中医药大学附属康复医院滨海院区 208
福建自贸试验区福州片区出口加工区 241
福建自贸试验区福州片区经济技术开发区块 239
《福州滨海新城健康韧性城市专项规划》编制 178
《福州滨海新城森林城市建设总体规划》编制 178
福州滨海实验学校 204
福州地铁智慧产业园完工 260
福州高新技术产业开发区马尾园 240
福州国际医疗综合实验区建设 249
福州海峡发电有限公司 123
福州机场第二高速 166
福州江阴港城经济区 249
福州经济技术开发区马江园区 243
福州临空经济示范区建设 237

福州群众路小学滨海校区 205
福州三中滨海校区 204
福州市滨海新城海洋生态保护修复二期工程 188
福州市滨海新城海洋生态保护修复一期工程 188
福州市滨海新城实验幼儿园 206
福州市疾病预防控制中心 208
福州新区产业园企业座谈会 213
福州新区第五届创新发展大会 213
福州新区领导干部大会（2023.2.27） 213
福州新区领导干部大会（2023.6.6） 214
福州新区民营企业家代表座谈会 214
福州新区与福州国企战略合作动员部署会 213
福州新区政务服务中心装修工程竣工 159
福州新区智慧城市管理平台（新区智脑1.0） 148
福州新区智能网联汽车道路测试启动 258
福州长乐国际机场综合保税区设立 236
福州至长乐机场城际铁路工程（F1滨海快线） 168
福州综合保税区 244

G

改革创新 135
改革创新示范区 95
干部队伍建设 215
钢铁冶金产业 128
港口 170
港口航运 107
港口物流合作 112
耕作层剥离再利用 199
公路 164
公共服务平台 141
公共事务 203
功能区园区建设 231
供电 179
供气 179
供水 179
管理体制 92
规划编制 266
国道228线鹏程至仙岐段（仙鹏路） 165
国道228线长乐松下至福清元洪公路工程 165
国道316线长乐漳港至营前段 164
国际航空城 234
国际医疗健康产业片区 264
国有资产管理 158

H

“海丝”文化影响力提升 109
海岸带保护与修复 187
海漂垃圾清理 197
海铁空铁联运 107
海峡两岸中华凤头燕鸥保育交流活动 193
海峡青少年活动中心 206
航空 107
航空物流合作 112
恒美光电股份有限公司 120
华能国际电力股份有限公司福州电厂 122
华山医院福建医院 208

J

机构设立及改革 216
基层党组织建设 214
基础配套设施
　元洪投资区 231
　国际航空城 234
　数字经济产业片区 257
　国际医疗健康产业片区 264
　长乐城市更新功能片区 273
基础设施建设
　福州江阴港城经济区 251
　临港（松下）经济产业片区 261
　中央活力区功能片区 270
　教育功能片区 272
基金招商 150
纪检监察 216
监督执纪 217
建设项目渣土调配 183
建筑资源回收利用 153
江阴港区 170
教育 203
教育功能片区 271
教育合作 113
金梅潭综合配套功能片区 274
金融创新 225
金融合作 111
近海海域环境治理 197
进出口贸易 226
经济管理 157
经济建设 95
经济社会发展 95
经贸往来 108
经贸展会活动 108
精神文明建设 215
九大片区 257

K

开放合作 253
科技创新 136
科教合作深化 109
跨境电商 224
跨境电商发展 245
矿产资源管理 198
扩大对外开放重要门户 94
扩大境外投资 226

L

琅岐经济区 237
历史源流 83
立体绿化 152
廉政教育 217
粮油食品产业 129
“两国双园”项目 233
两岸交流合作重要承载区 94
两岸融合 225
临港（松下）经济产业片区 261
临空经济产业片区 260
绿色建造 152

M

贸易便利化改革 223
贸易合作 112
门户枢纽 107
苗木收储 195
闽港合作 109
闽港金融合作 152
闽江河口国家湿地公园 131
闽江河口湿地入选国际重要湿地名录 192

闽江河口湿地入选山水工程
　首批 15 个优秀典型案例 192
闽江口内港区 170

N

内河水系 180

P

排污 180
片区规划 274
片区招商 149
平台载体 138

Q

企业服务
　国际航空城 235
　福建自贸试验区福州片区
　　出口加工区 242
　仓山功能区 246
企业科技创新 147
气候 86
“区块链 +”公证平台 148
区划 84
区划 人口 84

R

人才建设 253
人口 84
人文交流 109
融合发展阶段 93
融资创新 151

S

赛德文学校 204
三江口片区建设 247
商贸文旅产业 130
商务印书馆福州分馆 206
社会建设 96
社会民生项目建设 263
神州数码（福州）科技有限公司 131
生态保护 187
生态损害赔偿及修复 199
生态文明建设 97
生态文明先行区 95
生物医药领域合作 112
湿地保护 190
湿地生态环境保护与修复 191
湿地生态监测与科研 192
湿地生态宣教 192
市容管理 183
市政道路建设 180
市政环卫管养 183
市政建设 179
“数”说新区 101
数智融合 147
数字经济产业 118
数字经济产业片区 257
数字经济领域合作 110
水污染防治 196
水系 85
松下港区 170

T

体制创新
　中国（福建）自由贸易
　　试验区福州片区 223

福建自贸试验区福州片区
经济技术开发区块 239
体制机制创新 245
天津大学福州国际校区 203
铁路 167
统筹管理阶段 92
投融资服务 253
投资便利化改革 223
土地利用 251
土壤污染防治 198

W

外文武海堤堤后湿地生境修复
工程 193
外资外贸 108
网龙网络控股有限公司 119
网络宣传 216
卫生健康 208
位置面积 85
文化 206
文化建设 96
文旅发展 238
文旅合作 113
文旅活动 267

X

下沙海滨度假村 131
先进制造 224
项目建设
元洪投资区 231
国际航空城 234
福州综合保税区 245
福州江阴港城经济区 250
国际医疗健康产业片区 264
滨江滨海文旅产业片区 266
中央活力区功能片区 271
教育功能片区 272
长乐城市更新功能片区 273
金梅潭综合配套功能片区 275
项目谋划 273
项目前期跟踪服务 158
新能源产业 122
新区概览 83
新区沿革 83
行政审批 159
宣传工作 215

Y

“一件事打包办”窗口 159
一区多园建设 247
医药健康产业 124
以惠促融 225
以情促融 226
以通促融 225
营商环境 233
营商环境优化 240
元洪投资区 231
园林绿化 194
园区低效用地盘活 243
园区管理 242

Z

战略定位 94
招商工作 240
招商机制创新 149
招商引资
元洪投资区 232
国际航空城 235

琅岐经济区 238
福建自贸试验区福州片区经济技术开发区块 239
福州经济技术开发区马江园区 243
福州综合保税区 245
仓山功能区 246
福州江阴港城经济区 251
数字经济产业片区 258
国际医疗健康产业片区 265
滨江滨海文旅产业片区 267
中央活力区功能片区 271
教育功能片区 272
金梅潭综合配套功能片区 275
招商引资与项目建设 242
针织面料产业 127
征迁安置 182
整车进口 224
政策制定 157
政治建设 96
制度型开放 227
智慧水利系统（一期）项目 148
智能网联新型基础设施建设 180
中国（福建）自由贸易试验区福州片区 221
中国东南大数据产业园研发楼六期、七期项目竣工 258
中央活力区功能片区 270
种业创新基地建设 238
重大项目管理 157
重点项目建设
琅岐经济区 238
福州高新技术产业开发区马尾园 240
仓山功能区 247
数字经济产业片区 257
重要会议 213
重要科创资源清单 143
主导产业 244
主题教育 215
专项债发行 151
装备制造产业 125
资金规范管理 158
资源保护 196
自贸区南台岛区块建设 247
自然地理 85
自然资源 88
综述
产业发展 117
改革创新 135
经济管理 157
综合交通 163
中国（福建）自由贸易试验区福州片区 221
综合交通 163
组团开发阶段 93
组织工作 214

表格索引

2023 年各月福州新区平均气温、异常度及评价表 87
2023 年各月福州新区降水量、距平百分率及评价表 87
2023 年各月福州新区日照时数、异常度及评价表 87
2023 年福州新区省级新型研发机构一览表 144
2023 年福州新区福建省企业重点实验室一览表 145
2023 年福州新区福建省数字经济核心产业领域创新企业一览表 145
2023 年福州新区市级院士工作站一览表 146
福州新区相关专项规划一览表 175
2023 年福州新区获“鼓岭缘”中美民间友好论坛筹办工作嘉奖人员一览表 283
2023 年福州新区“好干部 兴福州”新区新城建设工作表现优秀者一览表 283
2023 年福州新区“好干部 兴福州”数字峰会工作表现优秀者一览表 283
2023 年福州新区获“福州市建设现代化国际城市行动先进个人”称号者一览表 283
2023 年福州新区获全省住房和城乡建设系统先进工作者一览表 283
2023 年福州新区获全省自然资源系统先进工作者一览表 284
2023 年福州新区获世界航海装备大会筹办工作三等功者一览表 284
2023 年福州新区获“福州市三八红旗手”称号者一览表 284
2023 年福州新区获市级表彰先进集体一览表 284